高校体育教学与训练研究

李成宝　王进进　胡云翔 ◎ 著

中国书籍出版社
China Book Press

图书在版编目（CIP）数据

高校体育教学与训练研究 / 李成宝, 王进进, 胡云翔著 . -- 北京 : 中国书籍出版社, 2024. 9.

ISBN 978-7-5241-0081-2

Ⅰ . G807.4

中国国家版本馆 CIP 数据核字第 2024EB3292 号

高校体育教学与训练研究

李成宝　王进进　胡云翔　著

图书策划	成晓春
责任编辑	成晓春
封面设计	守正文化
责任印制	孙马飞　马　芝
出版发行	中国书籍出版社
地　　址	北京市丰台区三路居路 97 号（邮编：100073）
电　　话	（010）52257143（总编室）　（010）52257140（发行部）
电子邮箱	eo@chinabp.com.cn
经　　销	全国新华书店
印　　刷	天津和萱印刷有限公司
开　　本	710 毫米 ×1000 毫米　1/16
字　　数	235 千字
印　　张	11.75
版　　次	2025 年 5 月第 1 版
印　　次	2025 年 5 月第 1 次印刷
书　　号	ISBN 978-7-5241-0081-2
定　　价	72.00 元

版权所有　翻印必究

前　言

改革开放40多年，我国高等教育实现了历史性突破，已经成为高等教育"大"国。从高等教育大国转变为高等教育强国，是我国高等教育在现阶段的紧迫任务。在健康中国2030的规划框架中，高校体育教育是学校体育与健康教育的"最后一公里"，对于实现全人教育、为国家培养身强体健的高素质人才发挥着重要作用。大学生是祖国现代化建设必不可少的人才，健壮的体魄、良好的心理素质、高尚的道德情操已成为现代化建设对他们的基本要求。大学生正处于身体发育的旺盛阶段，因此树立"健康第一"的思想、培养良好的体育锻炼习惯、掌握科学的体育锻炼方法，对于提高大学生身体素质具有特别重要的意义。高校体育教学是我国高校教育和体育教育的重要组成部分，在促进我国体育和教育事业发展、促进大学生健康全面发展方面发挥着重要作用。

当前我国大学生体质有缓慢下降的趋势，在校大学生各项运动检测指标连续下滑，一些大学生的体质甚至比不上中学生，这不禁让人担忧。大学生身体素质的下降固然与他们的兴趣和作息习惯有直接的关系，但体育教学未能唤起大学生的健康意识、体育训练没有激发大学生的锻炼热情也是造成当前大学生身体素质下降的重要原因。

尽管高校体育教学经过不断发展，已初步建立了一个较为完整的体系，但是面对新的形势和问题，如何适应现实需要、进行创新发展是当下迫切需要解决的问题。体育教学是一项系统、复杂的工程，涉及教师行为、学生行为、教学内容、教学媒体、学习环境等多方面内容。为了实现既定的教学目标、提高教学效果、使学习成果让学生终身受益，教师必须全面审视体育教学的活动过程，从多方面、多元化角度把握教学动态，对体育教学的实际问题作出反应并提出解决对策。

全书共六章，第一章为高校体育教学概述，分别从高校体育教学的含义与特点、高校体育教学的目标与原则、高校体育教学的功能与意义、高校体育教学的教学理念、高校体育课程教学的理论五个方面阐述了高校体育教学的相关内容；第二章为高校体育的教学方法，分别介绍了高校体育教学方法的理论、高校体育教学方法的选择与应用、高校体育教学方法的改革与创新三个方面的内容；第三章为高校体育的教学模式，分别从高校体育教学模式概述、高校常见的体育教学模式、高校体育教学模式的应用、高校体育教学模式的发展趋势四个方面展开研究；第四章为高校体育训练理论及发展，介绍了高校体育训练的理论、高校体育训练的原理与方法、高校体育训练的现状与问题研究三个方面的内容；第五章为高校体育训练的内容，分别从高校体育训练的体能训练、高校体育训练的心理训练两个方面进行了论述；第六章为高校体育运动项目的训练，介绍了球类运动项目的训练、田径运动项目的训练、形体塑身类运动项目的训练。

为了更好地指导高校体育教学与训练，笔者结合多年经验作成此书。由于笔者水平有限，书中存在错误和不当之处在所难免，恳请广大读者在阅读过程中多提宝贵意见，以便本书的修改和完善。

李成宝

2023 年 9 月

目 录

第一章 高校体育教学概述 1
 第一节 高校体育教学的含义与特点 1
 第二节 高校体育教学的目标与原则 6
 第三节 高校体育教学的功能与意义 10
 第四节 高校体育教学的教学理念 18
 第五节 高校体育课程教学的理论 32

第二章 高校体育的教学方法 36
 第一节 高校体育教学方法的理论 36
 第二节 高校体育教学方法的选择与应用 41
 第三节 高校体育教学方法的改革与创新 52

第三章 高校体育的教学模式 64
 第一节 高校体育教学模式概述 64
 第二节 高校常见的体育教学模式 68
 第三节 高校体育教学模式的应用 86
 第四节 高校体育教学模式的发展趋势 93

第四章 高校体育训练理论及发展 96
 第一节 高校体育训练的理论 96

第二节　高校体育训练的原理与方法 99
　　第三节　高校体育训练的现状与问题研究 117

第五章　高校体育训练的内容 122
　　第一节　高校体育训练的体能训练 122
　　第二节　高校体育训练的心理训练 148

第六章　高校体育运动项目的训练 155
　　第一节　球类运动项目的训练 155
　　第二节　田径运动项目的训练 163
　　第三节　形体塑身类运动项目的训练 171

参考文献 180

第一章　高校体育教学概述

本章为高校体育教学概述，主要针对以下五个方面进行了阐述，分别为高校体育教学的含义与特点、高校体育教学的目标与原则、高校体育教学的功能与意义、高校体育教学的教学理念以及高校体育课程教学的理论。

第一节　高校体育教学的含义与特点

一、高校体育教学的含义

高校体育教学是高等教育教学的一种，和所有教学一样，都具有教育的统一性。高校体育教学旨在通过对学生进行有目的、有计划、有组织的教学，来传授知识和技能、促进学生思维和身体发展，同时进行品德培养和个性塑造。高校的体育教学起着实现学校体育目标和使命的主要作用。随着时间的推移，高校体育教学已经不局限于课堂中的运动，而是拓展至竞技运动和社会体育的各个领域，其目的是培养学生的综合素质。高等教育中，高校体育教学是一种有目标且策划和组织有序的教育课程。教师的引领能够帮助学生获得技巧和技能，这些技能不仅能够提高学生的身体素质，保持健康状态，还能帮助他们适应社会环境，形成正面的价值观和思维模式，促进其个性成长。

高校体育教学是一个有组织、有规划、有目的的复杂系统，其中必然有主体、客体、对象等要素。而要使这个复杂系统变得清晰明了，我们就必须分析其重要的组成要素。分析高校体育教学各个要素的过程就是分析其具体教学的过程。

每一项高校体育教学活动中都有教师、学生参与，他们是活动的主体，少了任何一方都构不成体育活动。另外，教师教授学生需要一定的材料媒介，即体育教材。体育教师教授学生体育知识和技能是发生在参照体育教材的基础之上的。教师、学生和体育教材在每一个体育教学活动中都是缺一不可的，三者共同构成了一整个高校体育教学系统。在一项体育活动中，这些要素是相互联系、相互依存和相互影响的。

在高校体育教学系统中，体育教师起着决定性作用，他们在体育教学中肩负着培养下一代的使命。体育教师的自身能力、个性、专业水平、职业责任感以及其与学生的融洽程度和在学生中的威信，都影响着体育教学的最终成果。

处于成长和学习阶段的高校学生，无论是从生理上还是心理上，他们都存在很大差异。体育教学中，学生的直接参与使得这些差异更加明显与突出，因此就更需要教师对学生充分了解。教师要对每一位学生的体形、体能和身体功能，还有情感、气质、性格兴趣、爱好以及个性等有清晰的了解，才能更好地进行教学。

体育教材是高校体育教学中师生相互作用的媒介，是体育教师指导学生学习的材料，是教师要教和学生要学练的对象。体育教材内容的适宜性、难易程度等都直接影响着体育教学的成效和学生的整体发展。因此，高校体育教材内容的选择与组织需从以下两个方面考虑：一是社会发展的需要，主要表现在社会发展对学校体育教育目标的制约；二是体育运动特点，要充分考虑学生对教材的理解、接受与喜爱的程度。

二、高校体育教学的特点

（一）健身系统性

1. 内外合一的健身系统性

高校体育教学的效果直接体现在学生身上。通过观察学生的身体形态、发育状况等都能很好地判断体育教学是否达到了预期效果。如果达到了预期效果，学生的骨骼发育将会更加完善，肌肉将会更有力量，形态也会更加匀称。总体来看，学生将按照自然的生长规律有条不紊、全面的发展。这样，高校体育教学就达到了内外合一的健身系统性，具体表现就是身体发育的有序性和全面性。

高校体育教学中的"有序性"主要体现在学生身体器官的发育上。例如，从神经系统的层面来说，高校学生的第二信号系统已有相当发达，第二信号系统的主导作用进一步增强，第一信号系统和第二信号系统之间的相互沟通更为完善；从呼吸系统的层面来说，高校学生胸廓的横径和纵径都继续增加，男女生肺活量增大的高峰期均在 21 岁；从运动系统的层面来说，学生身体各部分宽度指标增长加快，骨骼的粗硬程度和肌肉力量明显提高；从心血管系统的层面来说，高校学生的脉搏已从青少年期随年龄增长逐年下降而日益稳定，且学生心脏发育日趋完善，心缩力量增强，收缩压增高，为血液供应适应机体负荷增加提供保障。因此，高校的体育教学中，除多安排不同负荷的各种练习以发展大肌肉群力量外，还应同时安排发展小肌肉群的各种练习，如仰卧起坐、蛙跳、引体向上等。

高校体育教学的目标在于提升学生的身体素质和健康水平。这不仅可以使学生更加精力充沛，以顺利地完成学业任务，还可以为学生终身良好体质的建立打下基础，并提高民族综合素质水平。高校体育教学中的全面性体现在以提高健康水平为目标，使学生身体各个部分、各种运动能力、身体素质及生理机能都得到均衡、对称、协调的发展。在生物学指标（遗传因素）、医学指标和生理指标的监督下，尊重学生的先天条件，兴趣爱好和性格特征，因材施教，促进其全面发展。

2. 身心合一的健身统一性

体育运动最明显的特征是可以潜移默化地对人体进行调节和改造。通过这种顺应万物生长的改造方式，人体的生理机能和结构可以实现和谐的统一，即达到身心的统一。高校体育教学中，要使学生的心理发展和生理发展相匹配，两者共同发展才是最理想的发展方式。

身心合一的健身统一性在高校体育教学中的具体表现有三个。首先，高校体育教材的内容是根据高校学生的生理和心理特点而编写出来的。它具有专业性和适宜性，还可以根据需要作出相应的调整。体育教材既注重学生身体各个部位的均衡发展，也注重学生的心理发展，使其在使用的过程中有充满愉悦和美的感受。其次，高校体育教学的方法具有多样性，不同的组织模式可以针对不同的学生做出调整，使学生的特点和天性得到充分发挥，从而达到身心和谐和内外兼修的目的。最后，高校体育教学在根据学生身体机能生理负荷的基础上，强调学生心理的变化规律。

在高校体育教学中，学生在进行活动时需要身心的同时参与。当学生在运动和休息时，他们的身体会出现有规律的生理变化。同时，学生的心理状态也出现了变化。这种生理和心理负荷的波动规律呈现出明显的波浪式曲线，呈现出明显的节奏感，体现出身心的协调统一。

（二）教育性

教育性是高校体育教学最基础、最根本的特征，失去了这个特征，它就不能称之为教学活动。高校体育教学的教育性主要体现在以下两个方面。

第一，高校体育教学活动是一项带有目的和任务的育人活动。在每一项具体的体育教学中，都有明确的规则和要求，学生需要通过克服种种阻碍来学习和掌握必要的知识和技能。高校学生通过体育锻炼或者其他的学习方式，将会受到体育环境的影响。无论是体育教材、教学方法，还是环境、条件、传统习惯等都会不同程度影响着高校体育教学。良好的教学将会使学生受到潜移默化的熏陶和感染，也会给学生提供有利于良好品质形成的平台和机会，从而可以促进他们的世界观、价值观、人生观的正确形成，使这种学习成果能够正向迁移，并得以运用到未来的工作和生活中去。

第二，在高校体育教学中，学生的内心情感和品德修养往往能够自然地显露出来。这有助于体育教师更全面地认识学生的思维状态和特质，从而能够更具针对性地开展教育工作。在高校体育教学中，进行思想品德教育的内容非常多样化。具体而言，包括以下几个方面：第一，培养学生具备团队合作精神，热爱集体；第二，培养学生间相互关心、友爱、互助合作的思想和意识；第三，培养学生具备竞争意识，并不骄不躁、遇到困难不气馁；第四，指导学生养成坚韧不拔、勇敢坚毅、机智果断等优秀品格；第五，培养学生开朗、积极向上、活泼、豁达的性格。

（三）时代性

在高等教育中，体育教学是至关重要的一部分，其课程内容具有鲜明的时代特色。

第一，体育教学内容兼顾本土文化和国际化发展趋势。我国当前的大学体育教学内容包括了民族传统体育和国际体育教学内容，两者之间实现了有机融合。在普通高校的体育教学中，我们可以看到独具特色的民族传统文化和地方文化元素的运用，如武术、太极拳、摔跤、拔河、象棋、围棋等。此外，普通高校的体育教学内容也在努力与国际接轨，具有明显的国际特色。例如，拓展定向运动、攀岩、网球、高尔夫球、滑旱冰等在国际上广泛流行的运动。

第二，高校体育课程内容已经融合了最前沿的科学技术。科学技术是促进人类物质生产和生活水平提高的主要动力。当应用于体育领域时，科技不仅显著改善了运动的内部和外部环境，还提升了竞技体育中场地、器材、装备和训练等方面的质量。现代化的高校运动场馆和先进的运动器材促进了体育教学内容的全面改革，使体育教学更加科学、高效。

第三，当前高校学生对体育活动的需求得到了充分满足。现代大学生对新事物的适应能力强，接触到的新事物多，接受速度快，并且敢于冒险和尝试探索。他们对新型体育运动的内容接受度较高，并愿意尝试参与其中。高校校园的体育教学内容与时俱进，紧跟新兴体育运动的发展趋势，使得校园中不断引进新的运动项目。一些校园甚至增加了橄榄球、攀岩、保龄球和登山等运动项目。高校体育教学内容的变革使高校学生对新颖体育运动的渴求得到了满足，丰富了他们的体育活动选择。

（四）休闲性

随着时间的推移，普通高校的体育教学内容越来越重视体育的娱乐休闲功能。当前，许多高校已经纳入了一些使人放松身心并富有乐趣的体育运动项目，如小球类运动、户外健身拓展运动、极限运动、有氧体操运动、形体舞蹈、台球运动等休闲运动。这些运动不太强调竞技性，而更多地注重其轻松、娱乐、放松的特点，因此在大学里备受学生欢迎。而且，众多高校也致力于为学生打造愉悦、轻松、休闲的氛围，鼓励学生以积极的态度投身于休闲体育活动中。

第二节　高校体育教学的目标与原则

一、高校体育教学目标

体育是一个多用途和多指向性的学科,并随着社会的不断进步而持续发展。社会环境的日益复杂化使体育教学目标的内容也日趋庞杂,给其进行科学的总结带来了挑战。在高校体育教学的过程中科学制订体育教学目标,可以保证体育教学的顺利实施。因此,我们需要研究高校体育教学的目标。

高校体育教学目标是高校体育活动的最终呈现效果,也是高校师生对体育教学活动的期望。高校体育活动的功能和高校师生对体育活动产生效果的期望的完美结合,是顺利实现高校体育教学目标的前提条件。基于国内外学者对高校体育教学的研究,其教学目标、教学任务和教学目的之间的关系是密不可分的。这意味着,要制订体育教学目标,就必须明确教学任务和目的,使它们与教学目标相协调,从而促进高校体育教学的有效实施。

(一)高校体育教学目的、任务和目标

高校体育教学的目的是通过体育和锻炼身体等科学的方法培养高校学生的身体素质,全面促进学生德、智、体、美的全面发展,以达到身心健康的目的。我们可以将高校体育教学目的定义为:高校为了达到育人期望而设立体育学科并付诸教学实施。这个目的是高校体育教学的总纲领,始终贯穿于整个教学活动,调整和控制着教学的各个环节和发展方向。

任务是上级指派给下级的一种工作和必须肩负的责任。它代表着上级对下级的一种期望。高校体育教学的任务对象是高校体育教师,他们进行的教学工作就是高校委派的任务。因此,高校体育教学的任务是保障高校体育教学目的能够顺利完成,它是为高校体育教学目的服务的,也是高校体育教学的必要环节。

高校体育教学目标是高校体育教师在实施教学的各个阶段,所做的各种努力的方向和期望达到的教学效果。它是在明确了高校体育教学目的和教学任务之后所做出的归纳和总结,是相对比较完整的工作计划。高校体育教学目标具有阶段性,在每个阶段,高校体育教学的目的和任务都是有变化的,但是总体目标是不

会变的。因此，我们将高校体育教学目标概括为：高校根据现代社会对高校学生的要求，国家的总体教学方针和基于高校学生的特点，制订的一个整体性规划。为了确保教学目标有效落实，可以将其分为阶段性成果和最终成果。阶段性成果是体育教师为了保证体育教学的有效性，根据体育教学总体目标制订的阶段目标；阶段任务完成的成果的综合就是体育教学的总体目标。

（二）高校体育教学目的、任务和目标之间的关系

在高校体育教学的整个进程中，涉及其总体目标、具体任务和教学任务，它们共同构成了一个整体，缺一不可。同时，它们都是相互影响、相互依存和相互作用的，具体表现在以下几个方面。

第一，高校体育教学每个阶段的具体任务是不一样的，各个阶段的综合任务目标构成了高校体育的总体教学目标。面对高校体育教学的复杂性，体育教师需要把整体的体育教学的目标进行一步一步的分解，目标缩小化和具体化，以此来指导具体教学的实施。一般而言，高校体育教学目标是比较宽泛的，难以直接实施，但如果分解成一系列小目标，情况就会变得不一样。例如，高校体育教学目标是提升学生的体育运动能力和技能，教师将这一目标进行阶段性分解——培养学生对体育运动的兴趣、增长学生对体育知识的了解、培养学生的体育运动技能等，这些小目标的集合就是体育教学的总目标。

第二，高校体育教学目标是实现高校体育教学目的的标志。当高校体育教学活动取得了预期想要的效果时，其教学目标也就实现了。例如，高校足球教学的总目标是培养学生运用足球运动的能力和让学生学习相关的知识等，那么具体的教学目的是要让学生掌握足球发球的技能，各阶段有关足球课程的教学任务就是指导学生学习和掌握小目标所要求的教学任务。

第三，高校体育教学任务是确保其教学目标实现的基本途径，也是高校体育教学目标和目的实现必须完成的实际工作和承担的责任。例如，足球课程的开展目的和目标是提高学生对足球技能和知识的掌握，为了保证这一教学目的和教学目标的实现，高校体育教师在教学的过程中应对学生进行足球发球和射门技能的教学（教学任务）。

二、高校体育教学原则

世间万物都要遵守一定的规则运行，高校体育教学也不例外。高校教学的原则遵守是达到教学目的的保障手段。这些原则是高校体育教学活动的安排、教学方法的选择及组织教学形式的基本依据。

（一）自觉积极性原则

自觉积极性原则所指的是在教师引导下学生自觉地发挥积极性。教师引导是首要条件和基础，在这个基础上充分调动学生的积极主动性，使学生发挥出主体作用。高校体育教学过程中，教师应积极主动地教，学生主动创造性地学，要逐渐培养学生积极主动的学习习惯，将被动地学习任务变成主动积极的行为。

师生关系是高校体育教学过程中的一对最基本的矛盾，这个矛盾的主导方面是教师。因此，自觉积极性原则是由教师的教与学生的学这一双边活动过程的教学规律决定的。高校体育教师在教学中是引导者，他们在知识面、经验和体育技能方面都优于学生，形成了一种教师和学生之间的供需关系。学生是教师教学的对象，是知识和技术的接受者。高校体育教师的主导作用不仅体现在对教学计划的制订和执行上，还表现在其可以对教学过程进行一定的控制和调节。

同时，学生的学习动力不只取决于个人意愿，教师所提供的指导也会对他们的积极性产生影响。如果学生缺乏热情和主动性不足，无法与教师合作和协调，教学目标的实现将面临困难。因此，提高高校体育教学的质量必须同时注重教师的引导作用和激发学生自我学习的内在动力。

（二）提高体育运动技能原则

高校学生通过体育教育获得了相关知识和运动技能，这正是高校体育教学所要达到的目的。因此，高校体育教学的原则中应包括重视提高学生的体育运动技能。要做到这一原则，需从以下几方面入手。

第一，明确体育技能在高校体育运动中的重要地位。高校体育教学的质量是通过学生所学习到的知识和运动技能体现出来的。因此，学生运动技能的提升是高校体育教学的一个基本要求，也是评价体育教师教学能力的评价标准。高校体育教师应时刻谨记体育技能的重要性,并在日常教学活动中注重提供学生的运动技能。

第二,明确高校体育运动技能教学的目的是保障教师不会偏离重心的关键。高校学生进行体育运动主要是为了锻炼身体。因此,在教师在教学的过程中,教师应将学生的身体发展作为首要任务,确保学生掌握锻炼身体的方法和知识。

第三,合理安排体育教学内容。一般而言,体育教学内容比较庞杂,教师应有选择性地传授给学生,应该分清主次,合理安排教学内容。对于普及度高、教师能教授且体育场地允许的体育项目,如田径运动、乒乓球羽毛球、篮球等,安排教学内容时可以放在首位。对于学生在未来生活中可能接触的体育项目,如棒球、足球、网球等,教师应简要教授。对于那些学生不需要实际掌握,但应了解的体育运动,如游泳、高尔夫球、保龄球、台球等,教师应介绍其相关知识,有兴趣和条件的学生可以通过教师讲授的知识自学。

第四,采用强化教学与实践相结合的教学方法。强化教学的核心在于突出重点内容,确立明确的目标,清晰分层次地组织教学内容,并使用正确的专业术语。实践方面应做到:第一,课堂讲授时间应缩短,实践活动时间应增加,同时体育教师应在现场提供指导。第二,体育教师需考虑到教学计划以及学生对体育技能的掌握情况,合理地分配课外任务,以提高学生的课外实践能力。

第五,为了增强学生的运动技能,需要创造一系列有利的条件,包括提高教师的专业素养,建立积极的课堂氛围,改善体育场地和设备的使用情况,优化体育教育体系。

(三)直观性原则

当我们最初认识某个物品或者事物时,会凭借自己以往的经验或者方法判断或感知,这种现象被称为直观性。从直观到抽象思维,并付诸实践,这是客观认识世界的规律和正确的辩证方法。

学生掌握体育知识和技能,首先是建立在直观的感知运动之上的,在本能感觉感知(如触觉、视觉、听觉、嗅觉等)的基础上建立抽象的概念,从而形成完整的运动动作。在高校体育教学活动中,培养学生的直观性原则,可以提升学生的思维能力和仔细观察能力，学生通过固有的经验感性认识体育运动，从而为学习体育知识和技能奠定基础。

（四）因材施教原则

学生的个体差异导致教学不能一概而论，因此，任何教学活动都需要因材施教。在高校体育教学活动中，教师既要对所有学生有统一的标准和要求，更要针对每个学生的特点进行差异化教学，以促进每个学生能根据自身的特点得到发展。

高校体育教学中，学生身体发育的不均衡、成长环境差异、生活习性差异、兴趣爱好的不同等，都要求高校体育教学需要因材施教。体育教师应正确看待这些差异，在这些差异中找出其共性制订统一的方案，然后再根据个人特点使用不同的方法教授学生。具体而言，实施因材施教原则可以从以下几方面着手。

第一，因材施教的基础是学生的个体差异性，高校体育教师应对这些差异有一定的了解。教师可以通过观察法和调查访谈对学生的体育状况、身体素质有一定了解，并在实际的教学中，依据学生的基本情况因材施教。

第二，高校体育教师应具备因材施教的能力。因材施教需要教师自身具备广泛的知识面，掌握多种教学方法，制订出适合每个学生的教学方案。因此，教师要不断自我学习，提高教学能力。

第三，在采取个性化教育的同时，需要充分考虑学校的现实条件。高校体育教学会受到地域、气候季节、场地设施等条件的限制。教师制订教学目标时，需要综合考虑教材内容、学生特点、教学方法以及其他客观条件，以更好地根据学生的不同需求来开展教学。

第三节　高校体育教学的功能与意义

一、高校体育教学的功能

高校体育课程是以身体练习为主要手段，以增进学生身心健康为主要目的，集知识、技能、素质、能力、品质与情感于一体的必修课程，是高校体育教学的重要组成部分。高校体育教学具有以下几方面的重要功能。

（一）为终身体育奠定基础

现代体育最终的发展目标是终身体育，高校体育的课程改革深受其影响。我国高校体育改革的首要任务是寻求新的发展方向，高校体育要以受众的终身健康为立足点，放宽整体教育目标，理论结合实际，面向未来去发展终身体育。

高校体育因具有终身受益性和延伸性，从而受到人们的关注度日趋增加。高校体育的目标不仅是使学生掌握某项体育项目的技能，还要使学生在学校期间所学的体育知识和技能能为其终身教育打下基础，从而终身受益。

向学生输入特定的体育观念、技术和文化知识以及使学生学会选择体育运动的训练方法，是高校体育教育最重要的两个功能。高校体育可以培养学生终身运动的习惯，还能使学生逐渐认识到，能够在课外自觉去运用所学知识进行运动和锻炼是极为重要的。

为了促进学生身心的健康发展，高校体育教学应选择一些具有较高身体锻炼价值，并且适合于成年人甚至老年人锻炼的内容，这样能使学生受到的体育教育不仅在校园内受益，还能延续至进入社会，从而实现终身教育。可以在校园开展并且适合终身运动的体育项目有很多，包括各种球类运动（篮球、足球、羽毛球、网球、排球等），可以提高人体力量、速度、耐力、爆发力等的田径类项目（长跑、短跑、接力跑、跳远、跳高、跨栏等），武术防身类运动（太极、长拳、散打、跆拳道等），塑造形体类运动（体育舞蹈、健美操、有氧操等）。高校体育教育在培养学生基本身体素质的基础上，还可以鼓励学生根据自己的兴趣掌握某些终身体育项目，学习相应的锻炼方法和有关的基础理论知识，达到终身受益的目的。

（二）促进大学生的人生发展

高校学生终将步入社会，他们会在未来的生活和工作中遇到各种各样的问题，这些问题有可能是机遇、挑战或困难。在当今日益复杂的社会环境中，人们受到的制约因素越来越多。如何面对将要遇到的各种问题，是积极还是消极，已经成为制约未来幸福指数高低的关键。基于体育教育的特点可知，它能够对人们的发展起到正面积极的作用。因此，高校学生的发展也会受到体育教育的影响。

1. 打造健康的体魄

健康是人类生存和发展的前提，如果把人的一生看作建造房子的过程，健康就是地基，只有地基打牢了，才能支撑起事业、家庭、地位等结构框架。

大学阶段是人生中的重要阶段。高校学生的身心健康不仅关系着其自身的成长和健康发展，也关系着整个民族和国家的健康发展。高校学生的身心健康、强壮的体魄和刚 的意志，是整个民族与国家蓬勃的生命力的标志，也是社会文明进步的象征。因此，高校应认真贯彻"健康第一"的指导思想，建立良好的高校体育机制，确保校园体育活动的顺利开展。这有助于培养高校学生良好的体育习惯，使学生由被动的运动转变为自发的、积极的体育运动。

2. 增强社会适应能力

体育运动不仅可以使学生学习关于锻炼的知识和技能，还增强了学生适应社会的能力。这种社会适应能力来自两方面，即富于感性的直观认识和理性的抽象思维。

（1）培养现代竞争意识

体育运动具有很强的竞争意识，只要参与其中，就会被激励去改变和创新。现代体育的核心是竞争，没有竞争它就失去了其精神。因此，当前的竞技体育活动具有重要的社会教育作用。

现代体育的竞争性理念是宣扬人的个体特性，培养拼搏进取的精神。体育竞赛具有平等、公平、竞争的特点，同时，竞争和合作又相互统一，使学生在各种体育比赛和活动中，把"更高、更快、更强、更团结"作为进取的目标。正是因为竞争机制的存在，推动了体育竞技的蓬勃发展，展现出美好的前景。在这种竞争机制中，竞争对手同时又是合作伙伴，他们相互监督、相互促进、共同提高。体育的竞争机制为学生步入社会后适应复杂的社会竞争环境搭建了桥梁，为学生提升竞争意识创造了有利条件。

在现代的竞争观念中，高校学生应树立符合人生价值观的观念。在抵制不正当竞争的情况下，大学生应勇于挖掘自己潜力，并培养合作意识，强调共同进步。

(2) 树立体育规则意识

体育运动的进行必须遵循相应的行为规范，即体育规则。例如，高校体育教学中的各种规则，体育竞赛时的竞赛规章制度等。正所谓"无规矩不成方圆"，我们的社会生活中充满了各种规则，它是人际交流的基础。现代文明社会的一个重要特征就是人们需要遵守社会准则。

体育运动同样需要遵守其"游戏规则"，若没有规则，就无法确保体育活动的公平、公正，体育活动本身也将失去意义。体育运动的规则确保每个参与者都站在一个相同的起点。

在统一的规则内，只要体育活动一开始，参与者都会尽最大的努力表现出最佳状态，争取胜利。不管最终的结果如何，每个人都要接受，因为这就是他们尽力的结果。如果失败，则要加倍努力训练，争取赶超其他人；如果赢得胜利，则要继续保持，不能松懈，以免被其他人赶超。

体育活动和社会活动具有相似性，但体育活动只是社会活动的一种，其运动规则不仅需要遵守社会法制的要求，也是对真、善、美的追求。高校体育在整体上强调规则的社会化，鼓励参与活动的高校学生尊重和遵守运动规则。当参赛学生的个人利益和整体利益不相协调时，学生应优先遵守其活动规则和社会规则。在这一过程中，参赛学生的规则意识将会得到很好的培养与提升，使得学生步入社会后能够很好地遵守社会规则和法律制度，树立正确的法治观念。

(3) 弘扬团队精神

团队精神表现为团队成员之间的紧密合作，共同为实现目标而努力奋斗。只有通过团队协作，才能使个人更强大，实现最大化个人价值，并最终获得成功。团队精神是在尊重参与者的兴趣的基础上才形成的一种具有高度凝聚力的精神力量。它是一个团队的核心，代表着团队的共同信仰和道德准则，同时也反映了团队在文化领域的价值观。优秀团队的成员紧密团结，缺乏共同的价值观会使团队难以形成统一的意愿和行动，最终会影响团队的整体战斗力。

高校体育活动大多是需要多人参与的集体活动，只要是集体，就会有团队，就会产生团队精神。高校学生在参与体育活动的过程中，通过团队合作逐渐磨合，形成了良好的团队意识和团队荣誉感，从而培养团队精神。在生活和工作中都需要具有团队精神的成员，高校的体育活动可以培养学生未来工作中需要的团队精神。

3. 丰富娱乐内容

在现今社会，体育是人们不可缺少的娱乐活动。它的娱乐性是双向的，不仅参与体育活动的人可以从中得到快乐，还能带给其他观众视听的美好感受。高校学生的课余时间较为充裕，面对繁重的课业压力时，可以放下手中的书本，去运动场上释放压力，也可以当一名其他赛事的啦啦队员，放松心情。实践后就会发现，体育运动是快乐的源泉，它能让生活会变得更加精彩。

（三）促进大学生身体机能健康

生命不息，运动不止；强身之道，锻炼为妙。可见，我们要想保持身体健康，体育锻炼必不可少。对于正处于人生重要时期的高校学生，体育运动更为重要，它能帮助脑力和体力相结合，促进身体素质的全面发展，使学生的各个器官得到均衡发展。

1. 提高心肺功能

人体的生命活动能力受心肺功能的影响，而体育锻炼是增强心肺功能的有效方法。一方面，体育锻炼能使身体各器官得到充足的氧气和营养，从而提高心脏的供血能力，使得心肌更健壮，能够有效地收缩和舒张。研究发现，定期进行体育锻炼可以延迟心脏衰老。另一方面，体育锻炼能够显著地提高肺部功能。进行身体运动时，我们的肌肉需要更多的氧气供应，促使呼吸会变得更频繁和更深，同时肺部的换气量也显著增加。定期参加体育锻炼可以增强呼吸肌肉的力量，增强胸廓的灵活性，使肺泡更具弹性。

2. 提高肌肉力量

想要达到肌肉的发达健壮并非仅靠饮食和休息就能实现，体育锻炼是获得肌肉发达的主要途径。进行多样化的肌肉力量训练可以让肌纤维有规律地主动收缩和放松，改善肌肉的血液循环和代谢功能。肌肉拥有丰富的微血管网络，每平方毫米的肌肉都有数千根毛细血管。在静止状态下，只有少部分毛细血管会打开。但是，在进行体育锻炼或体力活动时，肌肉内的毛细血管数量会大幅增加，从而为肌肉带来更多的营养和氧气，促进肌肉的新陈代谢。这一过程会使肌肉纤维中的蛋白质增加，使肌肉纤维逐渐变得粗壮。此外，随着肌肉的活动，身体会产生更多的能量供应物质，使得肌肉中的结缔组织更有弹性。这种变化进一步增强了肌腱的弹性和韧性，有利于保持身体健康和增强身体素质。

3. 提高机体柔韧性

积极参加运动可以增强身体的灵活性和柔韧性，从而有效提升运动能力。具体而言，体育锻炼能够增强关节周围组织的功能。如果想要提高关节的灵活性，需要花费更多精力来改善骨关节周围的组织状况，因为骨关节本身的结构主要是由基因决定的，难以改变。韧带和肌腱主要起到加固关节的作用，而肌肉则提供外部力量来加强关节的支撑，并控制关节的活动范围。这些机体部分共同协作，控制关节的活动范围，从而保护关节免受损伤。换言之，它们共同控制关节活动，使其不会超出身体结构承受的范围。为了提高特定关节的柔软度，需要注重训练控制关节弯曲和伸展肌肉的协调性，并逐步增加这些肌肉的伸展程度，以缓解限制关节活动范围的对抗肌肉的拉扯。为了实现最大限度的关节解剖伸展度，除克服对抗肌群的阻力外，还需要持续进行拉伸运动，直到肌腱得到充分的拉伸，从而实现韧带的拉伸效果。因而，所提到的"拉伸带"就是指对肌肉和肌腱进行拉伸的。此外，体育锻炼还可以促使身体产生利于提高柔韧性的体温。当肌肉温度升高时，身体内新陈代谢水平会得到提升，血液供应也会增加，从而导致肌肉的黏性降低，使得肌肉更加有弹性和易于伸展。这种变化也能提升肌肉的柔韧度。改变身体柔韧度的温度因素包括外界环境温度和身体内部温度。身体内部的温度调节可以帮助我们适应外界环境的变化，以减少不适感。在低温环境下，为了增加身体的柔韧性，需要充分进行准备活动，使肌肉温度提高。在高温环境下，需要避免通过排汗来降温，以免肌肉过早疲劳并降低关节的柔韧性。

二、高校体育教学的意义

我国高校体育教学目前正处于积极探索、不断寻求进步的阶段。我国正逐步完善对体育教学的深入研究，努力制订出一套适合我国国情和学生特点的体育教学模式。因此，开展体育教学研究成为提高我国体育教学质量的重要途径。高校体育教学的意义主要表现在以下几个方面。

（一）提高体育教学理论水平

相较于其他学科而言，高校体育教学起步的时间较晚，再加上受到传统教育观念的影响，许多学校忽略体育教学，导致我国体育教学在理论知识上存在不足。我国的体育教学理论一方面沿袭了传统的体育教学理论，另一方面对其他国家的体育教学理论有所借鉴。

时代在进步，万事万物都在发展，体育教学同样需要与时俱进。要适应社会的发展，高校体育教学需要摒弃过时的观念和理念，借鉴国外先进的现代体育教学理论，并根据我国的实际情况，构建具有自身特色的高校体育教学理论。在这一过程中，高校需要对之前的体育教学理论的不足之处进行深入分析，发现问题的根源，从而找到科学的方法对传统体育教学理论作出补充和修正。这样才能不断丰富和完善我国的高校体育教学理论体系，使之与时代共同发展和进步。

（二）推动体育教学改革

随着素质教育的不断推行，各类学科都在根据社会的需求进行教学改革，其中体育教学改革也受到更多的关注，然而体育教学改革一直面临着理论研究不充分的问题。由于对体育教学的研究不足，体育教学改革无法为体育教学活动带来实质性的积极影响。"体育教学研究应结合学生的特点社会的需求、社会的发展趋势等进行，奠定体育教学的改革方向，不断优化体育教学方法，并运用假设和实验的方法对所获得的新教学方法进行可行性分析和研究，这样才能针对性地改革体育教学。"[1]

（三）提高体育教师能力

随着社会的不断进步，高校对教师的能力要求也在不断提高。从教师的职业发展来看，教师是一个需要终身学习的职业，要随着社会的变化不断更新自己的

---

[1] 夏越. 现代高校体育教学研究 [M]. 北京：北京理工大学出版社，2019.

专业知识和技能。目前，教学与研究相结合成为教师提高自身知识水平和教学能力，提高教学质量的重要途径。对于体育教师而言，他们在对体育教学问题的研究过程中，能够发现和学习更多有关体育教学的知识；在不断发现问题和解决问题的过程中，能够获得对体育教学实践更加全面、深入、客观的认识；在不断研究过程中，还能对所研究的问题进行总结，从而激发其在体育教学方面的创造性。同时，体育教学研究能够促进体育教师之间的交流和互动，从而提升体育教师团队的整体水平。

（四）规范体育教学流程

体育教学研究是对体育教学过程中涉及的各种教学因素以及教学规律所进行的研究。任何一种教学都是从初步探索逐渐走向成熟，从适应性调整走向规范实施，再加上体育教学本身具有很多不确定的因素，教学过程难免会受到不确定因素的影响，最终可能导致教学过程的失败。教学实践和教学过程的规范是相辅相成的关系，教学流程在教学过程中起到指导性的作用，而教学过程也在实际操作中影响着教学流程，使其不断完善和规范。开展体育教学研究的根本目的就是通过对教学过程的监督和分析，找出教学流程中导致教学效果不理想的原因，并对其进行改正和优化，不断地规范体育教学流程。

（五）提升体育教学研究团队水平

优秀的体育教学研究团队需要在不断地研究、突破、创新中得到提高，如果一个团队缺乏对本领域的研究能力，那么不仅会导致团队的整体水平下降，也会降低其竞争力。在这种市场竞争逐渐激烈的环境中，如何不断地突破自己、提升整个团队的科研水平、提升体育教学研究者的专业能力是每位体育教学工作者应该面对的挑战，也是市场竞争的必然要求。教育工作者从事体育教学研究，可以通过不断研究实践来提升自己的专业知识，优化自己的专业技能，同时增强自己在体育教学方面的能力，从而提高我国体育教学研究团队的整体水平，提升院校的体育教学质量。

第四节　高校体育教学的教学理念

一、"以人为本"教学理念

（一）"以人为本"教学理念概述

1. "以人为本"的理论基础

"以人为本"教学理念的提出是在现代人本主义教育思想的基础上发展起来的。人本主义教育思想的产生源于对现代科学发展中人对科学产品关系的反思，以及对智能化时代发展过程中人的价值受到冲击的思考。

进入 20 世纪后，随着科学技术的快速发展，科学主义成为当代教育发展的主流。20 世纪 50 年代的教育改革中，各种教学思想、教学观点层出不穷。然而，认知心理学和行为主义心理学对人性的认识和分析引发了诸多困惑，导致教育趋于工具化，接受教育、获取知识的快乐体验无法得到重视，教育似乎仅仅成为人们获得更高技能与认可的一个途径。

随着科学技术的不断发展，人类社会的生产生活方式和模式发生了很大的变化，科技的发展改变了人们生活，人们依赖科技，甚至在某种程度上受制于科技。因此，在教育领域人们也越来越强调"人本主义"，以期将人从对科技的过度依赖中解放出来，恢复人在世界中的本体地位，而非依附于科技发展。

从社会发展中人的主体地位的体现，到教育领域中对作为学习者、施教者的教学活动参与主体的"人"的重视，"以人为本"思想在包括教育在内的各个领域得到了广泛关注。

教育教学中的"以人为本"教学理念旨在将教学活动参与者从传统教学中的非人性化的状态中解脱出来，恢复教师和学生的教学主体地位，强调了"人"的重要性。在教学中，真正关注教师、学生的自我、健康和可持续发展。

"人本主义"理论具有以下几个观点：

①学习者是学习的主体，应受到尊重。

②学习是丰富人性的过程，根本目的是人的"自我实现"。强调教育应促进

教学参与者（尤其是学生）人格的完整，促进人的认知与情感的丰富、提高。

③人际关系是最有效的学习条件。

④"意义学习"是最有效的学习。

2．"以人为本"的教学观点

"以人为本"的理念肯定了人在教育中的重要作用，在教育教学实践的广泛应用过程中，体育教育工作者和许多学者逐渐总结出了以下几个观点。

（1）教育的目的是促进师生自我实现

在体育教学中，学生的自我实现的目标促进学生的身体、心理、智能、社会性等全方位的发展，确保每位学生都能通过体育教学有所进步。体育具有多元教育价值，能够促进学生的各种素质的综合提升。在"以人为本"的人本理论支持下，体育教育强调了在体育教学中不仅要重视健康知识和运动技能的学习，还要通过科学的体育教学环境创设和教学过程安排来促进学生的心理、情感、智慧和社会性发展，实现情感和智力有机结合。教育学家卡尔·罗杰斯（Carl Rogers）认为，体育教育的一个重要教学任务就是在体育教学中促进学生的认知与情感的共同进步与发展，发掘和发挥每一个学生的学习潜能，培养学生在各个方面的创造性，最终培养出来的学生应具有创新、创造意识与能力，这样的人才才是社会真正所需要的人才。

在体育教学中，教师的自我实现体现在创造性地完成体育教学任务，实现作为教师的价值，并通过体育教学培养出适应社会发展的人才，促进学生的发展与进步。教师应通过对体育教学内容的科学设计与各种丰富多彩的体育教学活动的开展和教学媒体媒介的应用来提高自己的教学能力、组织能力、社交能力、科研能力、创造力等，促进自我综合教学能力和体育素养的不断提高，实现自我职业生涯的持续发展，并在日常工作和生活中积极参与体育健身锻炼，不断提高自身的身体健康水平，对学生和周围的人形成潜移默化的影响。

（2）课程安排应尊重学生的自由发展

在人本教育理念出现之前，传统的教育侧重社会价值和工具价值，人本位的思想和观念使人们认识到了传统工具化教育是对其本质属性的违背，人是教育的出发点，人本教育将教育的重点落实到人身上，关注人的健康成长。

体育教学所面对的教学对象是人，每一个人都与其他人存在差异，教育不是为了"批量生产人才"，而是为了在促进每一个人健康全面发展的基础上实现个性化发展。因此，体育教学应在统一要求的基础上做到因材施教，教师需要尽可能设计多种多样、侧重点不同的教学课程内容，确保每位学生都能在体育教学中取得进步与成长。

（3）教学方法选用应重视学生情感体验

人本主义教学理论强调"以人为本"，主张教学以学生为中心，实现个性化发展，而学生的个性化发展都是从学习经验中体悟和实现的。因此，体育教学中应重视科学化体育教学方法的选择，激发学生的体育学习兴趣，为学生创造良好的学习体验。

在"弘扬人的个性，强调以人为中心，尊重人的情感体验"的现代体育教学中，体育教师应全面了解学生、充分尊重学生、真正理解和信任学生，有助于教师与学生构建和谐的师生关系，而良好的师生关系的建立对于体育教学活动的顺利开展具有非常重要的意义。学生对体育学习的态度、个人爱好，以及获得学分的需求是学习的重要动机，同时教师的个人魅力也会对学生的学习产生重要影响。此外，师生的和谐关系也有助于师生在教学活动中能够更好地配合，从而提高体育教学的质量。

（二）"以人为本"教学理念下的教学指导

1. 重新定位体育教育价值

传统体育教学在对"育人"的认识上存在不少误区。长期以来，人们在理解体育科学化的基础上，常常采用生物学的观点对学校体育的价值作出判断，并且过多地关注学校体育"增强体质"的功能。此外，一些教师在对体育运动的本质理解上存在一定的偏差。以足球运动教学为例，我国体育教材普遍将足球运动定义为"是以脚支配球为主，两个队在同一场地内进行攻守的体育运动项目"。针对此概念，有教师认为，"球"是活动争夺的目标，自然应该处于主体地位，因此忽视了"球"要受制于"人"，"人"才是整个体育活动中的活动主体。

在经济全球化的发展背景下，各种思想文化不断发展和融合，教育思想也呈现出这一发展趋势，人本理论和"以人为本"教育理念的提出体现了当代社会对人的发展的重视。在体育教育教学领域，当前的学校体育更加强调人性的回归，学校体育的根本出发点和落脚点应该是"育人"。

现代高校体育教学中，"以人为本"教学理念符合当前时代的发展要求。当今社会，人的发展在社会的各个领域受到了重视。即使是在智能时代，许多机器生产代替了人工生产，但是发明机器、操控机器的还是人，人在社会的发展中起到关键作用，任何时候都不能忽视人的作用。

人本主义教学理念指导下的体育教学要求教育工作者在体育教学活动开展过程中关注作为教学对象的学生，教师的教学活动开展需要学生的参与、配合，如果没有学生的参与，教学活动就失去开展的意义了。同时，教师也是教学活动中的重要参与者，体育教师在教学活动中所发挥的作用也不容忽视。

现阶段，我国的体育教学思想呈现出多元化的发展趋势，诸多教学思想都围绕"人"的教育展开论述，讨论了体育教学中如何更好地促进和实现"人"的发展。

2. 体育教学目标的重构

在我国，传统的学校体育教学目标为增强学生体质、掌握基本技能和进行思想品德教育。然而，部分高校的体育教学比较功利化，强调追求竞技成绩和金牌数量，这种做法严重忽视了学生的健康发展，也不利于整个教学的可持续发展。

随着体育教学的不断发展，新的科学化的教学理论和教学理念给了体育教育工作者更多的教育启发与指导。体育教学的育人作用被不断丰富和发展，多元化的学校体育价值体系对体育教学目标重构提出了新的要求。

在新时期，"以人为本"教育理念在学校不同学科的教学中被广泛应用，越来越多的学者认识到传统的体育教育体制不再适合当前的体育教学需求，不能单纯地追求学生的外在技能水平，而应该重视学生的全面、健康、可持续发展。新时期体育教学的重点转移到"以人为主"上在体育教学中，教师必须认识到，人是运动的参与者和运动的主体，体育运动的教学和训练都必须以促进人的全面发展为根本目标。

3. 学生教学主体观的建立

现阶段，"以人为本"教学理念已经成为我国体育教学的核心理念。在体育教学实践活动开展过程中，越来越多的教师开始关注学生，从学生的特点、条件、基础和学习需要出发来选择教学内容、教学方法、教学组织形式和教学模式。高校体育更多地以选修课形式设置，教师通过展示个人教学能力、对学生的"因材施教"、关心关爱学生和深入研究学生需求获得学生喜欢，以此来吸引更多的学生选修自己的体育课程。

总之，学生是教学的主体，没有学生，教学活动就失去了意义。

4.体育课程内容的优选

传统体育教学对学生的全面健康发展关注不足，课程内容主要是竞技体育运动技能，体育教学课通常被体能训练课、技能训练课代替。然而，新时期的"以人为本"教学理念重视学生的全面、健康、个性化发展，体育教学内容选择也更加科学。

在"以人为本"教学理念指导下，我国的体育教学取得了很大的进步与发展。为了进一步促进我国体育教学的改革，教育部门先后修订了各级学校的体育教学大纲，强调在体育教学中要不断丰富体育教学内容，通过多样化教学促进学生的身心健康与全面发展。

在丰富高校体育教学内容的同时，"以人为本"教学理念还强调体育教学内容与大学生的发展需求相适应。

在体育教学内容优选中应注意以下几点要求：

第一，突出体育教学内容的趣味性。在课程改革过程中，激发学生学习的兴趣。

第二，强调体育教学内容的健身性。过度强调竞技技术提高的体育教学内容予以摒弃或改编，使之更好地为促进高校大学生的身体健康服务。

第三，重视体育教学内容的适用性。体育教学内容的教学实施应有利于学生的身体健康发展，并能为高校大学生的终身体育意识和体育能力的培养奠定基础。

第四，关注体育教学内容的创新性。高校体育教学内容还应适应现代化社会发展潮流，应具有启发性、创新性，促进高校大学生创新意识和能力的培养。

二、"健康第一"教学理念

(一)"健康第一"教学理念概述

1. "健康第一"的理论依据

从全球视角来看,"健康第一"教学理念的提出符合世界教育发展趋势和社会对人才的发展要求。

(1) 世界范围内对人类健康发展的重视

在人类社会的发展历程中,健康始终是一个备受关注的课题。健康是推动人类社会发展的必要条件。

随着国际的大众健康交流日益增多,各国和地区都非常重视大众健康发展,整个社会已对体育的功能、价值等方面形成了全新的认识。在教育领域,重视学生的健康发展已经成为各个国家和地区重视本国体育事业和教育事业发展的重中之重。体育健康教育对提高青少年体质健康水平、通过青少年群体影响周围群众健康意识、实现青少年进入社会成为社会体育人口间接提高社会大众健康水平具有重要而深远的影响。

(2) 社会发展对人才健康发展的客观要求

随着科技的不断进步、经济发展迅速以及社会生活节奏日益加快,人们的体力劳动越来越少。长时间伏案工作所造成的"运动不足""肌肉饥饿"现象严重影响了人们的身体健康。

在未来的社会发展中,健康问题将始终是影响个人和社会发展的关键因素。社会的快速发展与激烈竞争要求现代人才不仅要有正确的政治思想和具备扎实的科学知识和能力,还必须具备强健的体魄。"身体健康是其他一切健康的基础"。"身体是革命的本钱",身体健康是个体生活、学习、工作的基础。如果没有一个健康的身体,则很难在社会劳动力竞争中占据优势。社会竞争对劳动力的基本要求之一就是身体健康,要想在竞争中立于不败之地,就必须拥有一个健康的体魄。

体育教育的最终目的是促进个人的健康发展、培养符合社会发展需求的合格人才。在这一过程中对学生群体的身体健康教育是体育健康教育的重中之重。

2."健康第一"的教育特点

"健康第一"教育理念内涵丰富,其在体育教学实践中表现出以下特点。

(1)强调身体健康是健康的基础

"健康第一"的教育理念提到的"健康"是全面的健康,包括身体健康、心理健康、社会健康、生殖健康等多维健康。其中,健康的基础是身体健康,健康的体魄是人类发展的基本标志。因此,教育应首先关注健康教育。

(2)强调多元健康发展的素质教育

"健康第一"作为一个现阶段重要的先进教育理念,强调体育教育应重视学生的健康发展。学校教育教学的首要目标是促进学生的健康成长,学生的身心健康比"卷面分数"更为重要。学校教育应培养学生的自我管理能力、社交能力和适应能力,帮助他们在未来的社会生活中更好地发展而不仅仅是追求学业成绩。

(3)强调健康教育的全面性

①学生身体健康教育。在"健康第一"的指导思想下,高校体育教学应时刻关注学生的各方面健康的综合发展。通过体育教学,不仅要关注和促进学生的身体健康发展,还要促进学生的心理和社会性的发展,为学生奠定良好的身体和心理基础,使他们在走出校园,走进社会之后能有良好的身心健康状态应对生活、工作、学习中的各种挑战。

②学生心理健康教育。现代社会竞争日益激烈,社会生活中的每个人都需要具备良好的心理素质,学习正确地看待、应对学习、生活、就业、恋爱等过程中的问题。就我国高校大学生群体而言,许多大学生都深受学业、就业、生活中的各种问题的困扰,存在不同程度的心理问题。因此,高校教育关注学生心理健康非常必要。体育活动具有促进运动者健康心理形成和发展的重要作用。现代大学生压力大,也容易受到不良因素影响,高校体育教育应关注大学生的心理健康发展,通过开展体育教学活动,促进他们的心理健康发展。

③学生社会性发展教育。体育教育是一种独特的教育形式,高校体育教育可以促进学生的社会性良好发展,高校应该在教学中有意识地培养学生的人际关系建立、竞争与合作能力。

因此,在高校体育教学活动开展中,应深入挖掘体育的教育价值,在体育教学实践中充分贯彻"健康第一"的教育理念，切实促进学生身心健康、全面发展。

（二）"健康第一"教学理念下的教学指导

1. 树立体育教育新观念

"健康第一"教学理念对我国的体育教育的最重要的影响就是教育重点和方向的转变。新时代，要贯彻"健康第一"教学理念，就必须转变体育教育观念，从竞技化体育教育转向关注学生身心健康发展。教育"的重心"应从单纯地追求学生的外在技能水平向追求学生的全面协调发展转移。

新时代，不断强化高校体育教育教学改革，必须落实健康教育。每个高校的体育教育工作者都应该树立正确的体育价值观，培养良好的意志品质，并不断完善性格特征。现代科学化的体育教育应该将体育教育工作理念从传统的以"增强体质"为主转变为"健康第一"的新型教育观、发展观。

现阶段，社会发展对人才的要求是全面化的。一名合格的社会人才不仅要身体健康还要心理健康和社会适应能力强，缺一不可。

2. 明确体育健康教学目标

在当前的体育教育教学实践中，"育人"是学校体育教学工作的根本目标。技术教育和体制教育虽然重要，但不能完全作为学校体育实践的重心。"健康第一"的教育理念为促进我国高校体育目标多样性、多层次的建构提出了新的要求。具体如下：

第一，高校体育教育应重视加强学生的体育文化知识教育，以提高学生体育文化素养。

第二，高校体育教育应充分融合健康、卫生、保健、美育等教育内容，通过全面的体育教育培养学生健康的体育意识、健康的娱乐休闲习惯，帮助学生远离可能影响个人身体健康的不健康因素和事件。

第三，高校的体育教育工作的开展应紧密结合学生生长发育与生活实际，开展健康教育，使学生能够自我保护，预防疾病发生。

第四，高校体育教育应重视学生青春期教育和心理健康教育，为学生在特殊时期的健康成长提供科学的指导。

3. 完善体育教学课程体系

深化高校体育教学课程体系改革是促进高校体育教学发展的重要且有效途径。要贯彻落实"健康第一"体育教学理念，就必须在体育教学课程体系建设方面做好工作，不断丰富体育教学课程体系内容，以更好地满足当前高校大学生的多元化、个性化的体育健康发展需求。

在"健康第一"教育理念的影响下，我国的高校体育教学课程现状发生了显著变化，如体育课程内容的增加、教学方法的不断丰富、学校体育课内与课外活动的有机结合、体育选修课更加注重学生的个人兴趣和需求，以及体育课程与内容针对不同专业的学生特点进行了相应的设置等。

现阶段，为了继续贯穿"健康第一"教学理念，并构建更加完善的体育教学课程体系，应持续做好以下几点工作。

第一，在高校体育教学中，应始终坚持以学生为主体，将学生的身心健康发展放在首位，所有教学活动的开展都应以促进学生的健康发展为目标。

第二，高校应调整体育教学内容，充分了解学生的特点和需求，对体育教学大纲所规定的教学内容进行科学选择，对与本校实际教学情况和学生要求不匹配的教学内容进行调整，使体育教学内容能更好地从理论落实到教学活动实践。

第三，丰富体育教学内容。通过丰富的体育教学内容吸引高校大学生的体育学习与体育参与兴趣，以满足大学生的不同体育学习需求。

第四，重视教学内容的因地制宜。高校根据本地区气候、资源以及学校自身教学特点进行特色化的体育教学课程设置，并研究推出更能反映本校学生健康发展的健康检测内容与标准。

第五，重视高校大学生课内体育教育与课外体育活动的有机结合，增强体育课的教育意义和提高学生对体育课的兴趣，并使学生养成科学合理的作息和健身习惯，确保他们在课余时间也能科学健身，保持健康的生活方式。

4. 重视体育教学方法优化

体育教学效果的高低受到体育教学方法是否正确的影响。在高校体育教学中，有很多体育教学方法可以供教师选择，不同的体育教学方法有不同的特点，同一种体育教学内容可通过多种教学方法来呈现给学生。体育教师应该明确哪一种教学方法是最适合学生的，以促进教学方法应用的最优化，从而提高体育教学效果。重视体育教学方法优化，要求体育教师具有良好的体育教学能力，以及科学选择各种教学方法、有效应用各种教学方法的能力。

5. 教学评价体系的完善

在"健康第一"思想的指导下，体育教学的评价应将学生的体质增强、身心健康发展作为重要评价指标，并致力于完善体育教学评价体系。

"健康第一"教学理念指导下的高校体育教学评价体系的科学化构建与完善应遵循以下要求：

第一，对学生的全面评价中，要重视对多方面的教学效果进行量化分析，并且将定性评价和定量评价相结合，提高教学评价的科学性，帮助学生更好地认识自身的不足以及激发学习的动力。

第二，对学生的全面评价中，要做到评价内容的全面、评价指标的全面、评价方法的全面，还要做到邀请不同的评价主体进行评价。

第三，体育教学不仅注重对学生进行全面的评价，还注重对教师教学方面的评价。

三、"终身体育"教学理念

（一）"终身体育"教学理念概述

1. "终身体育"的基本内涵

"终身体育"教育思想的形成是人类自身需求和社会发展的必然。终身体育包括两个方面：一是终身体育贯彻人的一生，在人的一生中，从出生开始一直到生命的结束，都应养成参加体育锻炼的习惯，体育是日常生活的重要组成部分；二是终身体育是科学的体育教育，在人的一生中的不同阶段，都有正确的价值观念来指导和引导个体参加体育活动，参加体育活动能够实现身体的健康发展，使人终身受益。

具体可以从以下几方面来理解终身体育：

①时间方面，贯穿于人的一生。

②内容方面，项目丰富多样，选择性强。

③人员方面，面向社会全体公民。

④教育方面，旨在提高全民体质健康水平。

"终身体育"教育思想的树立和形成能有效促进我国体育教学的发展。它是所有运动项目的体育教学都应该树立的正确教学思想和理念。

要切实推动终身体育教育理念在高校的贯彻落实，教师具有非常重要的责任与作用。调查发现，很多学生在体育运动的参与方面受到教师的影响，特别是受教师业务水平的影响。因此，教师应在教学中和课堂外都提倡学生积极参与体育锻炼。

在体育课堂教学中，教师应关注学生终身体育意识和能力的培养，不能只关注或过于重视技术、技能的教学。

在课外，教师可以组织学生开展各种体育活动、体育游戏。教师应鼓励高校大学生开展体育俱乐部活动，并给出指导性意见和建议。

2."终身体育"的思想特征

（1）体育锻炼时间的终身性

"终身体育"是一种先进的教育理念，其核心价值在于可以使个体终身受益。

从教育对个体的影响来看，"终身体育"突破了传统的学校体育目标过分强调学习和掌握运动技能的观念，打破了传统的体育教学把人接受体育教育的时间局限在在校学习期间，将体育教育时间延长至人的一生。

"终身体育"教育理念强调体育教学应遵循学生生长发育、心理健康发育的客观规律，以及健身活动的长期性，注重培养学生对体育的爱好和兴趣，帮助他们养成锻炼的习惯和能力，并强调体育参与的终身参与、终身受益。

（2）体育锻炼群体的全民性

"终身体育"的对象指接受终身体育的所有人，每一个社会成员都应该积极参与，"终身体育"是面向全体社会成员的。从学生在学校体育教学中逐渐培养起体育锻炼意识，到走出校门走进社会之后能持续参与体育锻炼，为以后的整个人生奠定良好的基础。因此，终身体育教育的主体并不局限于在校学生，而是面向所有民众，应做到全民积极、主动参与。

体育教育是一个需要长期坚持的系统工程，生存、健康是社会和时代发展主流，健康是人们生存生活的重要基础，体育锻炼与生活是密不可分的。因此，无论个体的年龄、社会身份发生怎样的变化，都应该成为"终身体育"的教育对象。

（3）体育锻炼目的的实效性

"终身体育"是以适应个人发展和社会发展为根本目标的教育理念。因此，终身体育必须做到因地制宜、因人而异，每个人应根据自己的实际情况选择具体锻炼内容、方式、方法，并将体育锻炼融入日常的生活、学习、工作中。

在现代社会生活中，人们为了提高生活质量，应根据自身条件合理选择适合的体育方式，做到有的放矢，确保这些方式有较强的针对性和实效性。

在高校体育教育教学中，体育教学的内容选择和方法运用都应为提高学生的体育知识、体育技能服务，同时不断提高学生的终身体育意识和终身体育能力。如此，在大学生毕业进入社会后，也能持续参与体育健身锻炼。

3. "终身体育"与体育教育

（1）终身体育与学校体育的相同点

①共同的体育目标具有多元教育价值。无论是终身体育参与还是体育教育的体育活动参与，其最终目标都是为了实现体育运动者的体育、智育、德育、美育等多元教育价值，更好地促进运动参与者的健康全面发展。健康的身体是开展体育教学的前提，学校体育教学的目的是要培养学生的终身体育意识与能力，为其更好地实现个人价值和社会价值奠定健康基础。

②共同的体育手段。终身体育和体育教育都是通过体育锻炼来实现体育的教育价值的，个体的最终行为也都体现在体育锻炼上。终身体育强调个体应养成终身参与体育锻炼的习惯，在人生的每个阶段都积极参与体育健身锻炼。体育教学以学生的身体活动为主要教学手段，通过身体活动促进身心、社会性全面发展。

③共同的体育任务。个体的终身体育健康参与离不开科学体育知识的指导和体育锻炼的实践活动。同时，体育知识与体育技能的掌握也是高校体育教学的重要任务，只有掌握这两方面的内容，才能更加科学地去从事体育健身实践活动，并通过参与体育活动实现运动者的身心健康全面发展。

（2）终身体育与学校体育的区别

①体育参与时限不同。终身体育贯穿人的一生，学校体育只负责学生在校期间的体育教育。

②体育教育对象不同。终身体育以全社会所有成员为教育对象，学校体育以在校学生为教育对象。

（二）"终身体育"教学理念下的教学指导

1. 转变传统体育教学思想

"终身体育"教学思想指导下的高校体育教学，应该在教学内容、教学方法、教学评价等方面都要做到以培养和提高学生的体育终身意识和能力为目标，通过与学生日常生活、学习、工作关系更密切、关联程度更大的体育项目教学，来培养学生的运动习惯，而不是仅仅关注学生的运动技能掌握情况。

高校体育教育教学过程中，教师应将体育教学达标标准的制定从单纯和过度关注技能指标的思想观念中解放出来。制定体育教学达标标准时，教师应关注学生的体育价值观、态度、意识、行为习惯，如此才能真正有针对性地开展体育教学，真正实现终身体育教育。

"终身体育"教学理念不仅是高校体育教学改革的指导思想，也是高校体育教学发展的落脚点。

2. 重视学生终身体育意识的培养

个体参与体育活动必须建立在对"终身体育"教育理念的正确认识基础上。"终身体育"意识是高校大学生主动进行体育学习、体育参与的重要内部驱动力和动机。

在当今社会，生活节奏快、压力大，要获得高质量的生活，就必须确保身心健康发展，而体育运动能有效促进运动者的身心保持良好的状态。终身体育对于学生的身心素质发展具有重要促进作用。学生步入社会后，在社会上面临的各种压力并不比学生时代少，体育健身锻炼是身心压力释放、身心健康状态重塑的过程，对学生保持良好身心状态迎接生活、学习、工作挑战是非常重要的，可以有效提高个人生活质量，以及学习、工作效率。

终身体育活动参与对于个人的社会性发展具有重要的促进作用,大学生坚持体育健身锻炼,能有效增强身心适应能力,使他们在毕业步入社会后更好地适应社会,提高抗压能力。

现代高校体育教学实践中,教师要培养学生的终身体育意识,教师应做好以下教育引导工作。

第一,引导学生树立正确体育价值观。

第二,端正体育学习态度。

第三,将素质、技能、知识、能力等教育内容渗透到终身体育教育中。

第四,通过体育教学丰富学生的体育知识和体育技能,提高终身体育参与能力,为终身体育锻炼奠定基础。

3. 丰富终身体育教学内容的设置

学生的个体差异决定了学生的体育兴趣爱好不同、所适合从事的体育运动项目不同、所渴望学习的体育运动知识与技能不同。因此,在高校体育教学中,教师不能只注重学生某一特定运动技能的熟练程度,而应重视不同学生的发展需求,尽可能地丰富体育教学内容,使体育教学内容的项目、层次多样化。

"终身体育"教学理念指导下的丰富终身体育教学内容的设置要求如下:

第一,延伸与拓展学校体育课堂教育,使学校体育向终身体育延伸。

第二,不同教学内容的课程目标设置应在充分了解与分析学生的现状的基础上进行,以体育课程终身体育教学目标为导向组织体育教学。

第三,选用体育课程内容时,应重视对休闲体育项目、时尚体育项目的引进,开展能够激发学生体育兴趣和潜能的体育活动。

4. 关注学生需求与社会需求的统一

"终身体育"旨在培养学生一种健康的生活态度与生活方式。身体健康是每个人适应现代社会生活、工作、发展的必要条件。

高校体育教育在贯彻终身体育教育理念时,不仅要培养符合社会发展的合格人才,还要促进学生的个性化发展,实现学生的社会价值与个人价值的共同发展。高校终身体育教育对学生需求与社会需求的统一性的实现,要求做好以下几方面的工作。

第一，重视国家需要、社会需要与学生个体需要的有机结合。

第二，明确学生需要与社会需要的相互结合。这是确保学校体育发展与社会需要适配性的关键。

第三，重视体育教育的锻炼价值与人文价值，重视体育知识、技能、习惯的共同培养。

第四，围绕学生开展体育教学，充分满足学生的学习和发展需求。

第五，全面提高大学生的体育素养，以符合社会发展对人才的体质、体能、知识、精神、道德要求。

"终身体育"教育有四个支柱，即学会认知、学会做事、学会生活、学会生存。我们应充分考虑如何将这些支柱与以人为本、健康第一的理念有机结合。

第五节 高校体育课程教学的理论

一、高校体育课程教学基本理论

（一）课程和教学

关于课程的概念众说纷纭，根据不同的课程价值观念，不同的学者阐述了其不同的定义和内涵。在西方，"课程"一词最早出现在英国教育家斯宾塞（Spencer）的《什么知识最有价值》一文中。课程是从拉丁语"Currere"一词派生出来的，意为"跑道"[1]。随着教育科学的不断发展，课程的意义和内涵变得越来越丰富，不同的人持不同的观点，由此形成了各种不同的学说。

关于"教学"一词，早在我国殷商时期的甲骨文中就已经出现了"教"与"学"二字。中华人民共和国成立后，随着苏联教育家凯洛夫的著作在我国的翻译介绍，教学内涵又发生了新的变化。"教和学是同一过程的两个方面，彼此具有不可分割的联系"[2]。

---

[1] 阳艺武，陈森林. 如何传授有价值的体育课程知识[J]. 上海体育学院学报，2020，44（9）：52.
[2] 冯凯. 体育课程与体育教学之间的关系研究[J]. 当代体育科技，2020，10（28）：186-188.

(二）课程教学理论

高校体育课程教学活动是教师和学生为实现体育课程教学目标和完成体育教学任务而共同参与的一个系统性体育教学过程。

高校体育课程教学的基本理论是对体育教育的规律性总结，是指导体育教学由经验层次上升到理性科学层次的基本前提。科学的体育课程教学理论是对体育教学规律的客观总结，依据科学的体育教学理论所进行的教学实践活动要符合体育教学的基本规律以及学生的实际情况。在体育教学实践活动中，有些教师，特别是从事体育教学工作时间较短的教师，由于不熟悉如何在体育教学理论的指导下对教学做出详细规划，因此在体育课堂教学中往往随意发挥。这必然使体育教学的过程处于无序状态，从而使课堂教学质量大打折扣。即使是有经验的教师，如果轻视系统的理论指导，在教学时局限于经验化处理，那么教学效果也不会理想。因此，体育教师只有自觉运用体育教学的科学理论指导体育教学设计，课前进行精心设计，才有可能使体育教学摆脱狭隘的经验主义，确保体育教学过程的实施与调控处于最佳状态，从而获得教学实施过程的最优效果。

体育课程教学的基本理论与方法要求教师在研究课程教学的过程中，把研究对象放在系统的形式中，从系统观点出发，从系统和要素、要素和要素之间的相互联系和相互作用的关系中综合地、精确地考察对象，从而找到解决问题的最佳方法。

二、高校体育课程教学的理念

体育课程的定位着眼于新世纪人才素质的需求，注重以人为本，强调以学生的学习、发展为教学的中心，以"健康第一"为教学的指导思想，在教学中重视学生的主体性，引导学生积极主动地学习，体现鲜明的时代特色；重视教材的整体性，强调传授知识和技能与培养能力、创新意识并重，是体育课程教学所体现的课程教学理念。

（一）以人为本，以学生发展为本

体育课程教学以学生的学习和发展为本。在教学过程中，教师要引导学生进行主动学习，并改变过去在课程教学过程中强调接受学习、死记硬背、机械练习的学习方式，倡导学生主动参与、乐于探究、勤于动手，培养学生体育能力和坚持进行体育锻炼的良好习惯，树立终身体育的运动意识。教师要注重培养学生发现问题、分析问题和解决问题的能力以及社会适应能力。教师在课程教学过程中的主导作用体现在引导、帮助学生学习体育课程知识、运动方法和动作技术。体育课程应突出学生的主体地位，重视教师的主导作用。在教学过程中为完成教学任务，实现课程的教学目标，教师要对学生进行知识技能的传授、研究和探索，让学生自主学习、自主运动，处理好社会需求与个人发展、学习兴趣与教学目标、接受性学习与创造性学习的关系，从而提高教学质量，使学生获得更多的、更实用的体育基本知识、运动方法技巧和动作技术技能。

（二）知识与技能、过程与方法及情感态度与价值观

体育课程教学要在继承与发扬传统的体育教学成功经验的基础上，改变过去片面追求成绩的单纯竞技观念，摒弃片面强调知识与技能的倾向，进行知识与技能、过程与方法、情感态度与价值观三个维度的整合。

在体育课程教学的过程中，强调体育知识与技能的教学，要贴近生活，根据社会的需要和人的发展，进行有意义、有效的教学。强调知识与技能、过程与方法、情感态度与价值观的整合。体育课程打破了学科的本位主义框架，删除了"繁、难、偏、旧"的内容，改变了过于重视竞技运动的状况，加强了课程内容与学生生活、现代社会和科技发展的联系，关注学生的学习兴趣和经验，精选终身学习必备的体育基础知识和运动技能。

体育课程教学倡导学生主动参与、乐于探究、勤于动手，培养学生自主学习和自我锻炼的能力、获取新知识的能力、分析和解决问题的能力以及交流与合作的能力。新课程教学注重理论与实践的结合、体育运动与健身方法的结合，强调体育锻炼与日常生活的融合，使学生掌握正确的学习方法，培养他们体育锻炼的习惯，使他们形成终身体育的意识。

(三）多学科理论

现代科学发展越来越呈现出综合化的趋势，无论是自然科学还是人文科学，各学科之间往往相互渗透，产生了新的边缘学科。体育课程的教学是以体育科学、教育科学、人文科学等多学科理论为基础，根据学校体育课程教学的指导思想、教学目标、教学任务、教学内容，结合社会发展与学生学习的需要所进行的，全面锻炼学生的身体，促进学生生理健康、心理健康水平及社会适应能力的发展，有效地增强学生体质的过程。

在这个过程中，教师要帮助学生学习、掌握、应用体育的基本理论知识、基本技术与方法，全面发展学生的身体素质和基本运动能力，形成良好的运动技能，同时注重在体育教学过程中对学生进行思想品德教育，不断提高学生的体育素养，培养学生的爱国主义精神、集体主义精神和积极向上的社会竞争意识。要完成上述教学任务，教师就必须综合运用体育科学、教育科学、人文科学等多学科基本理论与方法，来促进学生身体的健康发展，有效地增强学生体质。

学生身体的健康发展是指学生生理机能、身体形态、心理素质和社会适应能力的全面发展，因此组织与实施体育课程教学活动所涉及的学科较为广泛，体育课程教学不单单是指导学生运动，它还是奠基于智育、德育的理论和方法基础上的身体教育，是促进学生身体的健康发展、有效增强学生体质的运动过程。健康发展的内涵是指学生全面、健康、和谐、可持续的发展。

第二章 高校体育的教学方法

本章为高校体育的教学方法，主要围绕高校体育教学方法的理论、高校体育教学方法的选择与应用、高校体育教学方法的改革与创新这三个方面进行了论述。

第一节 高校体育教学方法的理论

一、高校体育教学方法的概念

高校体育教学方法实际上是指高校为实施体育活动采用的所有的手段和方式的总和。从广义来说，凡是人类社会为实现体育教育目的所创造的条件、选择的途径、采取的措施、运用的手段和方式等，都属于体育教学方法的范畴。

就其构成要素来说，高校体育教学方法一般包括以下四个要素。

①目标要素。任何一种体育教育方法都指向一定的教育目标，没有目标，也就无所谓方法，方法总是为目标服务的。

②语言要素。包括多种形式的语言，如口头语言、身体语言等。

③动作要素。包括身体各种运动动作。这是区别于德育、智育方法的主要特点。

④环境要素。包括各种体育教育设施以及气候、风土等自然现象。

二、高校体育教学方法的分类

高校体育教学方法的分类是一个重要的理论问题，它对于高校体育教学方法体系的建立，体育教师科学地选择和运用体育教学方法、提高教学质量都至关重要。目前，按照达到体育教学目标的途径和活动方式，通常将高校体育教学方法分为教法、学法、练法和育法四种类型。

（一）教法类

教法类体育教学方法的出现是由体育教学方法体系的特殊性决定的。教法类体育教学方法可以分为两种类型，即体育保健知识教学方法和体育技术技能教学方法。

1. 体育保健知识教学法

体育保健知识的教学方法与其他学科的教学方法非常相似。虽然国内外对这类教学方法的分类研究非常复杂，但是人们还是通过研究，总结出了这类教学方法的一些明显的发展趋势。具体表现在以下五个方面。

①由单纯关注学生的认知活动向注重教学情感活动转变。

②从强调教学方法的结构和外在形式转变为强调教学方法的功能和理论内涵。

③从单一维度的分类发展为综合多个维度的分类。

④从将常用教学方法进行分类到考虑如何整合新兴的国内外教学方法。

⑤从简单地归纳经验到致力于理论化建构方法体系。

在向学生传授体育保健知识的过程中，教师必须注意教学的情感活动和多功能作用的发挥，同时还要注意将体育保健知识和体育活动实践紧密结合，提高教学方法的针对性和实效性。

2. 体育技术技能教学法

所谓体育技术技能教学法，就是我们通常所说的运动教学法。"为什么教—教什么—怎么教"是这类教学方法的主线。首先，这种教学方法要明确的是教学目的，即是侧重于掌握运动技术技能，提高身体素质或是要达到其他教育目标。其次，需要教学内容进行处理，需要明确是掌握技术技能、提高运动水平，还是利用内容掌握锻炼身体的手段，提高体育能力，还是作为非智力因素发展的途径等。最后，要确定运用什么动作策略来实现教学任务。总的来说，这类教学方法不是呆板的，而是比较灵活多变的。具体可以根据教学目的，有针对性地选择不同的教学内容及其侧重点,并随着活动方式的不同而采用相应的动作策略。

(二)学法类

所谓学法,是指指导学生学习的方法。在高校体育教学中,学生的学习主要应把握以下两个方面的问题:一方面是较好地掌握前人积累下来的知识和经验;另一方面是找到这些知识经验和自己实际的最佳结合点,并逐渐培养终身体育的意识和能力。因此,学法类教学方法的重点是使学生愿学、会学,最终达到学以致用,并能形成良好的学习能力和锻炼习惯。

(三)练法类

练法类是高校体育教学中最具本质特征的方法。这种方法能够直接促进学生身体的发展、体质的增强,具有重大意义。然而,这类教学方法的主要目的在于教学过程中对方法的理解和练习时对身体运动的体验,并不仅仅在于发展身体和增强体质。锻炼身体的方法很多,其效果会因人、因地、因时而异。这些方法既可以是单独的,也可以是成系列或组合的。因此,在高校体育教学过程中,教学方法的关键在于指导学生明确练法的作用和意义,掌握练习的策略,把握各种练法之间的相互联系,使学生能做到举一反三、合理运用。

(四)育法类

所谓育法,是指对学生进行思想品德教育和美育的方法,是各种教学中的重要任务。作为教学方法的一种,育法类教学方法必须结合体育的特点来进行,才能达到理想的效果。充分利用体育教学中的各种因素培养学生高尚的道德品质和团结协作的精神,促进学生健康个性的发展和竞争意识的形成,引导学生追求健康美,建立正确的审美观,提高美的表现力和创造能力,是育法类教学方法的运用重点。

目前,人们对这种体育教学方法的分类存在不同看法,其焦点是体育教学方法的范畴界定,以及运动教学方法和身体锻炼方法的联系问题等方面。这些问题不仅关系到体育教学实践,还涉及教学论领域的一些深层次的理论问题,有待进一步研究。

三、高校体育教学方法的特点

（一）实践性

高校体育教学方法与体育教学实践是紧密相连的。作为一种具体的教学策略，它具有很强的可操作性。体育教师的教学思想和综合能力要通过各种活动方式在体育教学实践中表现出来，同时也必须通过实践来检验教学方法是否成功。

（二）双边性

高校体育教学方法是体育教师指导学生学习和锻炼的双边活动，是体育教师和学生相互联系、按一定方式活动的结合体。在体育教学的过程中时刻发生着各种信息的双向交流，并不断进行着反馈调节来提高这种双边活动的效果。

（三）多变性

通常来说，高校体育教学方法种类繁多，供选择的余地很大，如学生的基础、场地条件、器械数量和质量、气候等，任何一个因素的改变都会导致体育教学方法发生变化。也就是说，一成不变的体育教学方法几乎是不存在的。不同的场合有不同的教学方法。同一种方法在不同的条件下，它的组织方法、活动方式、动作程序都有可能发生改变。

（四）系统性

高校体育教学方法不是孤立存在的，各种不同的体育教学方法相互联系、互为补充，共同构成一个完整的方法体系，并在体育教学过程中发挥出综合效能，完整地达成体育教学目标。无论哪种教学方法，其效果都是有限的。因此，高校体育教学目标的实现，必须依赖于整个体育教学方法体系作用的充分发挥。

（五）继承性

纵观历史，一些在长期教学实践中总结出来的、行之有效的教学方法，能够准确地反映体育教学的客观规律，具有强大的生命力，它们是高校体育教学的宝贵财富，具有历史的继承性。此外，也有一些传统的体育教学方法，尽管本身可能存在缺陷，或者随着时代的发展出现了不适应社会发展的内容，但其自身仍然存在许多有价值的部分值得我们去吸收和借鉴，并有选择性地加以继承和改造，使之成为一种新的体育教学方法。

（六）发展性

任何一种事物如果不能随着时代的发展、社会的进步而发展和进步，都将被淘汰。体育教学方法也是如此。这就要求其必须积极创新，推出新的教学方法，适应新的教学要求。同时，高校体育教学方法的发展不仅要根据新的形势创造新的方法，还需要对传统的教学方法进行调整和改造，赋予它们新的内涵，使之发展成为满足新的教学要求的一种新的方法。

四、高校体育教学方法的作用

体育教学方法是高校体育教学活动的重要因素，它不但在教学活动的过程中发挥着重要作用，而且在教学活动结束后也会产生深远的影响。具体来说，高校体育教学方法的作用主要体现在以下四个方面。

（一）有助于完成体育教学任务

教学方法是高校体育教学过程中教师与学生双边活动的连接点。通过有效的体育教学方法将体育教师的教和学生的学紧密联系起来，成为完成教学任务的有效途径。没有有效的体育教学方法，将很难完成体育教学的任务。

（二）有助于教学质量的提高

通常来说，科学合理的体育教学方法能够充分利用各种有利的因素来调动学生的学习积极性，发挥他们的主观能动性，从而提高学习效率，得到事半功倍的效果，有利于提高体育教学质量。

（三）有助于营造良好的教学氛围

一般来说，优秀的体育教学方法能激发学生的学习兴趣，营造出一种奋发向上的学习氛围。良好的氛围不仅能感染学生，还能又反过来影响学生的学习过程，从而形成一种良性循环。在体育教学中坚持运用这类教学方法，有助于体育教师在学生心目中树立威望，进而促进学生自觉、主动地学习，使体育教学过程中的气氛更加融洽，教学方法的实施更加协调自如。

（四）有助于促进学生身心全面发展

一种好的教学方法蕴含着科学性，而其运用的过程就是学生受到科学思想熏陶的过程，对学生心智的发展具有良好影响。反之，不良的教学方法则会产生不良的影响，对学生心智的发展也具有消极的负面作用。在高校体育教学的过程中，体育教学方法的实施过程往往也是学生体验运动技术技能，进行锻炼方法教育的过程。因此，学生既要受到体育方法论的教育，又要得到身体的锻炼，使身心都能得到发展。此外，由于体育活动的特殊作用，良好的教育方法还能促进学生的情感、意志等非智力因素的发展。总之，体育教学方法对学生的身心发展具有十分重要的影响。

第二节 高校体育教学方法的选择与应用

一、体育教学方法的选择

（一）选择体育教学方法的重要性

人们历来有一种看法，认为"学者即良师"，即只要有知识、有学问就可以成为教师，但却没有意识到一个合格的教师不仅需要知识、技能、理念，更需要知道怎样有效传递知识、技能、理念，而选择正确的教学方法正是有效传递知识、技能、理念的关键。

有意识地选择教学方法是提高教学效率的要求。"人类的活动可以粗略地分成三个层次：本能水平、经验水平和有意识的反思水平。本能活动是维持我们生存的基本活动，属于种族遗传性质；经验活动是人类将自己一代代活动的经验积累起来，传给下代，属于原始模仿性质；有意识的反思则是将活动的主体和客体分离开来,对活动的特点、过程和规律进行理性的分析,属于研究性质。当一种活动进入研究层次,也就意味着我们从事这项活动的自主性达到了一个新的境界,具备了从自然王国向自由王国飞跃的可能性。"①

教学方法是在不断地实践和积累中发展和演变而来的。教授体育时所涉及的目标、内容、形式和手段等是具有多样性和复杂性的,而且随着社会科学文化的不断演变而发展。由于学生的特点、学科的特性和教学环境等因素的影响,教学方法应因人而异、因材施教、灵活应变。因此,根据不同情况来选择合适的教学方法至关重要。学生对体育理论知识、动作技能、动作能力的不熟悉到逐步形成技能技巧的过程,都必须通过有效的教学方法。使用科学的教学方法可以激发学生的学习主动性和积极性,确保学生能够正确理解和掌握教材内容,还能推动学生的能力与智力水平的发展,促进他们创造能力的发展。教师也能从这个过程中积累教学经验,提高教学能力。

(二)体育教学方法的选择依据

明白了为什么要选择教学方法,下一步就是如何选择适宜的教学方法。教学实践表明,任何一个教学方法都不是万能的,都有各自的独特功能、适用范围和使用条件限制,以及各自的优点和缺点。所谓"教学有法,但无定法,贵在得法",就是对教学实践形象的总结。因此,教师能否正确地选择教学方法,就成为影响体育教学质量的关键问题之一。教师要依据以下因素,在教学过程的某一阶段来选择适宜运用的某一种或几种教学方法,并合理、科学地加以组合运用,才能发挥各种教学方法之所长,取得较好的教学效果。

1.依据师生的自身特点进行选择

(1)教师的特点

随着现代教学的发展与教学技术手段的广泛运用,并没有否定教师的地位与作用,反而对教师提出了更新、更高的要求。这是因为"从系统论角度来看,教学系统中各个要素,如教学目标、教学内容等,都是通过教师这个中介来影响学

---

① 袁振国.教育研究方法[M].北京:高等教育出版社,2000.

生学习的"[①]。因此，教学方法作为从现实条件出发达到教学目标的中介，同样也不能自发地作用于学生的学习活动，它必须通过教师这个中介才能有效地发挥作用。

在实际教学中，我们常常能够发现一些教学方法本质上是不错的，但是当教师缺乏必要技能和素养时，就无法恰当地应用这些方法，教学效果也会变差。这表明教师在选取教学方法时，不仅要考虑教学方法的特点，还要考虑自身素养条件，包括教学理念、基础知识、专业水平、教学水平、年龄特征、能力特长、个性特点等，发挥自己的长处，避开自己的短处，并选择与自己的个性、特点相符合的教学方法，这样才能在实际的教学活动中充分发挥教学方法的功能和作用。例如，运用谈话法和讨论法时，教师本人应善于言谈，幽默有趣，讲话逻辑性强。另外，教师需要对教材内容有深入的理解，能够从多个角度回答学生的问题，激发学生的创造性思维，提高其探索能力。

教师根据自身特点选择教学方法，不仅意味着要从自身素养条件出发来选择适当的教学方法，还意味着教师要积极地学习，通过不断的学习和总结，掌握更多的与自身特点相匹配的教学方法，全面提高自己各方面的素养。

（2）学生的特点

教师的教是为了学生的学，而学生自身的特点直接制约着教师对教学方法的选择。这就要求教师能够科学而准确地分析学生的基础条件和个性特征，要根据学生年龄特征、心理特点、现有的体育知识、技能水平，以及班级的学习风气等方面，选择最能适应学生条件和能促进发展学生技能和体能的教学方法。大学生有一定的逻辑思维能力，独立自学能力较强，可以采用严密的讲解法、讨论法、发现法、读书指导等法，以引导他们独立地研究问题、获得知识和发展智力。

在人的整个生长发育过程中，身体机能、形态的发展表现出明显的曲折性和阶段性的特点，这决定各类身体素质的自然增长也呈现出相应的不均衡性和不同步性，发展的时间有早有晚，增长速度有快有慢。例如，神经系统是各器官系统中发育最早的系统之一，因而与之相关的速度、灵敏和协调素质也发展得较早较快，而耐力素质则发展较慢。即便同样是力量素质，由于身体不同部位肌群的生

[①] 商继宗.教学方法：现代化的研究[M].上海：华东师范大学出版社，2001.

长发育时间也有先后，如大块肌群的发育先于小块肌群，躯干肌群早于四肢肌群等，不同部位力量素质的自然增长也有早有晚。此外，男女学生存在较大的生理、心理区别，这影响了他们对体育活动的偏好。男生可能更喜欢一些竞技性和对抗性的、有一定强度的活动，而女生则倾向于韵律性强、节奏明快、动作优美、非对抗性的、娱乐性较强的活动。因此，教师应根据学生不同身体素质的自然增长顺序和发育速度，找到不同身体素质的快速增长期（敏感期），合理选择教学方法，既要注意保证学生的全面发展，又在某段时期有侧重地发展某种素质。

教学方法的选择与运用要与学生的特点相适应，但并不意味着教学方法只能被动地跟在学生发展的后面。教学方法也应采用发展性教学，走在学生发展的前面，引导学生的身心向更高的阶段发展。

2. 依据教学内容的性质进行选择

教学内容是指为了实现教学目标，要求学习者系统学习的知识、技能和行为规范的总和。不同的教学内容有不同的内在逻辑和特点，不同阶段、不同单元、不同课时的内容与要求也不一致。例如，叙述事实的内容，一般采用论述法或读书指导法；理论性强的内容一般选择讲解法；科普性内容一般选择演示法、实验法、参观法等；艺术性强的内容则多用欣赏法等。因此，教师在进行教学时要采用与这些具体的、特定的内容相适应的教学方法。

体育教学内容是实现体育教学目标的载体，不同体育项目教学内容都有其自身特点，如田径、球类、体操、武术等，它的"教"和"学"有不同的方法，动作教学过程中的不同阶段也需要不同的教学方法。因此，教师应在仔细分析教材的基础上，根据教材的性质和具体内容特点，灵活而有创造性地选择适当的体育教学方法。

3. 依据教学目标与任务进行选择

针对每节课的教学目标和任务，教师需要选取相应的教学方法以保证最佳的教学效果。例如，要让学生掌握基本的动作模式，教师可以采用讲解、动作演示、整体分解等不同的教学方法；如果教学任务是巩固技术和提高体能，可选择重复练习法、持续法、循环法等；如果教学任务是以培养学生的自学能力为主，宜选择自学辅导法、读书指导法等；如果教学任务是以让学生掌握一些现象、观念获取感性认识为主，宜选择演示法、谈话法、参观法等；如果教学任务是以培养学生思维能力、发展智力为主，宜选择发现法、尝试法、讨论法等。

不同领域或不同层次的教学目标的有效实现，教师要借助相应的教学方法和技术，将总目标具体化，即具体化为学期的、单元的、课时的教学目标，这些教学目标既包括传授知识方面的内容，也包括发展认知技能，还包括情感态度方面的内容。教师可依据具体的可操作性目标来选择和确定具体的教学方法。在一节课内，如果需要完成多项任务或有些任务需要多种方法结合才能完成，教师应该综合运用多种方法。

4. 依据体育教学环境进行选择

所谓环境，主要指人们生活的一切的外部条件的综合。教学活动的顺利开展离不开适宜的教学环境，它是实现教学目标和任务的必要前提和支撑条件。它考虑到了个体身心发展的独特需求，包括物理和心理两个方面的环境。体育教学的环境包括多个要素，如体育教学场地、各种相关设施、学生班级氛围以及教师与学生之间的相处方式等。

体育教学方法的运用需要借助一定的物质条件，教学方法的选择要考虑当时的教学情境和现实的教学条件，如学校的教学器材、场地设施等。教师在选择教学方法时，要在时间条件允许的情况下最大限度地运用和发挥教学环境条件的功能与作用。同时，教师在选择教学方法时也不能被动、消极地适应场地器材等条件，而应合理地在现有条件下开发利用教学资源，进一步地开拓教学方法的功能和范围，以提高体育教学的效果。

5. 依据教学的效果与效率进行选择

在制订教学策略时，教师需要同时考虑教学效果和效率两方面因素，确保实现教学效果和效率的完美平衡。

有些教学方法可能本身设计得很好，但如果无法充分发挥其最大效益，教师就无法利用它们达到最佳的教学效果。例如，在教学中使用谈话法，教师要首先考虑学生的知识储备和心理状态，这是成功进行知识传授的前提条件。如果没有考虑到这些条件，采用谈话法进行知识传授会面临困难。尽管讲授法能够在短时间内让学生系统地获取大量知识，并发挥教师在课堂上的主导作用，但该方法却不利于学生主动、独立地思考问题，以及进行实践。虽然探索法、研究法对学生智力的发展和自主学习能力的培养是有益的，但它们会受到时间等条件的限制。因此，只有在与谈话、讲解等其他方法相结合的时候，才能取得良好的教学效果。在教学方法的选择中，教师要全面考虑所采用的方法所能带来的好处和效果。如果教学方法与教学效果一致，那么所采用的教学方法就是可行的；反之，这种方法就是不现实的。教学有众多方法可供选择，然而最常用的可能只有一两种。因此，在选用教学方法时，教师需谨慎挑选，以确保达到最佳效果，并使所选方法与效果完美契合。

单纯基于教学效果的高低来评价教法的优劣是片面的，教学效果的高低只是衡量教法是否优秀的重要因素之一。除了评估教学效果，还需要考虑教学效率。有些时候，即使教学效果不错，但实施过程需要教师和学生花费大量的时间和精力，因此从效率的角度来看，这并不是最优选择。一种优秀的教学方法应该具有高效性和有效性，也就是在投入时间、精力、物力和人力相对较少的情况下，能够取得显著的教学效果和高效的教学效率。通过实现"双效"统一，成功优化教学方法的选择。

在为学生讲解体育运动锻炼方法的动作步骤时，教师应该同时告诉学生这种锻炼方法主要针对和发展的身体素质，以及锻炼后的预期效果。这样可以提高学生参加的积极性并增强其坚持的信念。当学生锻炼一段时间后，教师可以针对该练习方式所发展的身体素质进行专项的体能测试，使学生看到锻炼的实施效果并体验到自身体能的有效提升，从而巩固其坚持练习的信心和决心。

二、体育教学方法的应用

（一）体育教学方法的应用原则

1. 科学性原则

教学有其自身特有的规律，如果能够在遵循其规律的前提下，讲究一定的方法，根据不同的教学目的和任务、教学内容和特点、学生特点来选择、确定和使用，并充分发挥教与学的主观能动性，就能有效达到预期的教学目标。因此，教师在应用教学方法时，必须坚持科学性原则。教师需要仔细研究每个教学环节，包括备课、上课和课堂细节等方面，并针对每个步骤和细节选择既符合教育规律、认识规律，又符合教育与教学原理的实用教学方法，以确保取得良好的教学效果。

2. 灵活性原则

心理学研究结果显示，若仅使用同一种教学方式，会导致学生产生疲劳和心理上的抵触。教师若长时间使用单调、一法到底的教学方法，就会使学生对课堂和学习失去兴趣；如果采用多种教学方法，就能调动各种感官参与教学活动，提高学生学习的积极性。教学方法的形成通常是基于特定的教学经验和内容，因此具有相对性和局限性。准确地选择教学方法和灵活地应用，可以使复杂多样的教学环境和学生的学习情况在教学中条理化、融洽化和科学化。教师需要根据实际情况灵活运用各种教学方法，针对具体问题进行具体分析，这样才能应对教学活动中出现的各种突发和复杂问题。

在备课时，教师应根据体育教学目标、教材内容的性质和特点以及学生实际等因素设计体育教学方法，但在实际教学中绝不能原封不动地照搬，一步一步地按照"程序"进行教学，要根据实际教学情况，灵活地、创造性地调整教学方法，引导学生的思维、情感。教师传递信息时要全方位、多角度，多种教学方法的交叉综合使用，通过语言、语速、语调的变化和组合来展示各种意境，运用表情、手势、身体等人体语言来增强情感的表现力，这样可以让学生各种感官都参与到学习活动中来，激发学生积极思维，帮助他们掌握教材内容。

3. 启发性原则

启发式教学既是一种方法，又是一种教学的指导思想。它尊重学生的主体人格，强调指导学生的学习方法，尊重学生的技能形成、能力发展和个性展示。遵循启发性原则，教师需要以学生为中心，考虑学生的实际情况。在教学过程中，教师应该采用多种方式和方法去激发学生的学习兴趣，鼓励他们主动参与到学习过程中来，以便更好地激发他们的思考能力、创新能力，并锻炼他们分析和解决问题的能力。通过这种方式，学生可以全面掌握知识，提高智力水平，并促进其个性方面的健康发展。

教师正确运用不同教学方法的指导思想是充分发挥其作用、展现其应有的效果的关键。例如，讲授法，教师一味地讲、枯燥地讲，是不能引起学生的兴趣的，应该以适当问题和实例开头，再结合以形象、风趣的讲解，这样才能激发学生的学习动机。又如，问题解决法，若问题提得过难或过易，不恰当的问题会压抑学生的学习积极性，使学生对学习产生厌烦心理，如果问题在形式上和内容上提得恰到好处，能适合学生的心理，激发其学习动机，就能够产生很好的学习效果。

启发式教学是体育教学方法的指导思想，它要求体育教师从学生的实际情况出发，采取各种有效的教学方式，激发学生的学习兴趣和求知欲望，最大限度地调动学生学习的积极性和自觉性，激发学生的主动精神。通过创设情境，教师可以启发学生积极地开展思维活动，引导学生通过身体活动和体验，掌握体育基础知识、技术，培养学生思考问题、分析问题、解决问题的能力，提高学生的体育学习能力。

4. 针对性准则

针对性意味着要根据具体情况，有针对性地采取不同的方法来解决问题或完成任务，以达到更好的效果。针对性的实质是要求体育教学方法的运用符合人身心形成发展和体育教学的规律，实际上就是实事求是的原则在体育教学方法选择过程中的体现。俗话说"一把钥匙开一把锁""对症下药"，讲的就是针对性。

对于不同阶段学生应掌握的运动技能，其教授方法也应相应进行调整。需要教师在语言指导、视觉示范和练习操作上采取不同的策略和方法。例如，对于一本篮球教材而言，采用何种教学方法，应因具体情况而异。当教练使用完整法教授垫上前后滚翻动作时，一些学生可能会出现错误。在这种情况下，需要根据学生出错的原因，采用适当的方法进行纠正。

5. 综合性准则

所谓综合性要求，指的是体育教师在综合分析影响教学对象和体育教学的各种因素的基础上，充分考虑各种教学方法的特点和趋势，以构建一个适应教学目标和任务需求的具有统一性的方法体系。这是一种综合教育的措施和手段，涉及教育主体采用多种方法进行综合教育。

体育教学方法的核心在于如何在教学过程中有效地整合多种方法，形成协调有序的关系，并取得综合成效。不同的教学方法具有独特的功能、特性、适用环境以及实施条件。由于体育教学内容不同,教学对象和条件不同,所选择的教学方法也不同。为了有效地完成教学任务,教师必须坚持系统的观点,把教学方法本身看作一个有机的系统,用优化观点统筹多样化的教学方法,并注意各种教学方法之间的有机配合,充分发挥体育教学方法体系的整体功能。例如,发挥视觉、听觉、动觉、思维整体效果,是提高教学质量的关键。教师在运用各种教学方法时,不仅要让学生观察,还要让学生看、听、想、练相结合。看、听是前提,想、练是深入,它们之间相互联系,相互促进。

6. 创造性原则

尽管理论通常情况下是适用的,但人类的思维方式却具有独特性。为了应对个性化的问题,需要具有创造性的方法。只有不断地追求革新和创意,才能避免思维僵化和停滞不前,克服教条主义和经验主义。学生的体育学习是在集体中完成的,因此每个学生体育学习的效果与环境条件和氛围有着重要的关系。但每个学生体育的发展在满足共同效应的基础上必然各具不同,因此要对保护和发展每个学生的体育感受和能力给予充分的重视,并且要从更加广泛的社会发展角度认识。在体育教学中,教师要协调好集体和个体之间的关系,要求教师要依据教学法的理论创造性地选择教学方法。

随着生活环境的变化,人们在生活、行为和思想上都发生了重大的变革。体育教育也需要不断地创新和更新教学方法。在选择体育教学方法时,必须具有创新意识,才能保证新的历史条件下的体育教学与时俱进并取得实效。

在当下,体育教师应该持续考察新形势,运用传统技巧,并推陈出新地研究并实践新方式。首先,应该始终坚持实事求是的态度,解放思想,紧跟时代潮流,不断探索更加有效的体育教学方法。在当今快节奏的社会中,体育教学所面临的目标也在变化,并且这种变化是持续的。用以前有效且能产生良好效果的方法来解决新任务和新问题效果已经不大了,所以必须在原有基础之上进行创新。如果不重视创新方法的使用,将难以跟上体育教学发展的最新潮流。

其次,体育教师应密切关注现代科研成果,并探索运用创新的方式来进行体育教学。在体育教学中,除了运用体育学的知识教导学生,还需要借助心理学、教育学、生理学等学科的理论来辅助制订教学方法。为了满足现代化需求,我们需要不断地汲取这些相关学科的最新研究成果,并将它们整合和应用,从而建立一个科学方法体系。

最后,我们应该全面认识当代科技成果的价值,并全力以赴推进教学手段的现代化。由于互联网的快速发展、多媒体技术的广泛应用以及家用电脑的普及,体育教学的方式变得更加丰富了。为了达到更好的教学效果,体育教师需要持续更新教学手段,并勇于尝试新的方法。

(二)体育教学方法的具体应用

1. 体育知识理论类内容教学方法应用

体育基础知识理论类内容主要包括体育文化、保健知识、身体锻炼的原理与方法、体育道德与礼仪知识等。由于体育所涉及的知识内容非常丰富,应根据不同年级学生的实际水平与需求,有目的、有计划地确定教学内容。

体育基础知识理论类内容的特点决定了教学中一般采用以语言传递信息和直观感知信息为主的体育教学方法语言法。具体应用的方式有以下几种。

(1)讲授

教师要根据教学内容的特点和学生的接受能力充分备课,系统组织课程的内容。在讲授中,做到层次分明,重点突出,深入浅出,注意启发思考;语言要生动准确,通俗易懂,控制好语速和节奏;也可结合直观教具或板书进行讲授。

(2)讨论

教师可以针对学生熟悉的体育内容、关心的体育赛事活动和热点体育话题,联系学生已有知识、体会和看法,展开讨论乃至辩论。讨论时要时刻引导学生围绕主题进行。

(3)问答

课前,教师可通过一定方式,解答学生在体育活动中出现的有关体育知识的疑问或困惑,也可现场让学生提问题,并给予解答。为避免出现冷场,教师应注意做到有启发、有引导性的答疑解难。

(4)知识竞赛

教师应事先向学生发布关于知识竞赛的范围、组织措施,让学生明确竞赛规则、奖励办法等并充分准备，围绕学生已学过的体育基础知识，适当扩大和延伸有关内容。要做到问题明确、难易适中、评分公平合理。

（5）演示

教师利用视频课件等演示相关运动动作的原理与方法，指导学生把握好观察的重点和时机，将讲述和演示有机地结合起来。

2.体育运动技能实践类内容教学方法的运用

体育运动技能实践类内容大体上可以分为身体各项素质运动能力类的教学内容和体育运动项目类的教学内容两种。

运动技能就其结构特点可分为闭式技能和开式技能。闭式技能的特点是：完成动作时，基本上不因外界环境的变化而改变自己的动作，在动作结构上多属周期性重复动作，完成动作的反馈信息只来自本体感受器，一般多是单人项目，如田径、游泳、跳水、体操、保龄球、铁饼等。这种技能的特点是不需要把外部环境因素作为参照系，而且具有相当固定的动作模式。该种技能与预测性高的稳定环境因素有关。

开式技能的特点是完成动作时，往往随外界环境的改变而改变自己的动作，在动作结构上表现出多样性或非周期性特征，完成动作的反馈信息由多种分析器参与工作，并综合反馈信息。其中往往以视觉分析器起主导作用。一般来说开式技能比闭式技能的动作复杂。通常球类、击剑等对抗性项目属于开式运动技能。其特点是必须参照外部环境刺激来调节动作。该种技能与不稳定、预测性低的环境因素有关。

（1）闭式技能类动作教学方法的应用

除初学时的语言法、示范法、预防与纠正错误法等一般方法的常规使用外，闭式技能的单个动作比较简单且多次重复的动作结构和反馈信息以本体感受器为主，因此在该类动作的教学指导时主要运用以身体练习为主的体育教学方法。首先多以完整法来解决单个动作的正确性和完整性；随之多以重复法为主以提高动作的结构性和连贯性；变换法主要以变化运动负荷的表面数据为主以提高动作的灵活性。随着动作掌握程度的提高，多以自我练习为主要方式，精讲多练，以较长的连续重复练习时间和较大的练习密度让学生主动体验动作，强化技能，提高节奏性和效率性。由于闭式技能的动作多以简单和周期性的重复为主要形式，学习时多以自身本体感受性为主，学生容易产生枯燥和疲劳感，所以，在教学时要注意激发学生的学习动力，活跃课堂气氛，提高学习积极性。

（2）开式技能类动作教学方法的应用

由于开式技能动作的相对独立性、动作结构的复杂性和影响因素的复杂多变性，所以在进行该动作技能的教学指导时，适用的方法比较宽泛，要因人、因时、因地变换。通常以直观法、语言法、完整法来建立正确动作的表象；对于较复杂的单个动作可根据动作结构特点适当采用分解法来重点学习技术难点和纠正错误，但分解练习的时间不宜太长，一旦解决了特殊问题就及时转用完整法来巩固和提高动作技能。由于开式技能多表现出多样性和非周期性，所以要及时注意学生的表现，以预防为主，及时纠正错误；要综合各个反馈信息；以个别指导为主要形式，多用变换法，充分利用速度、力量、节奏、幅度、姿态等技术要素的变化来不断提高动作质量，增加学生的学习积极性；同时还要利用外环境的调整和变化以及比赛和对抗的形式提高学生的适应性和应用能力。

第三节 高校体育教学方法的改革与创新

一、高校体育教学方法的改革

（一）素质教育下高校体育教学方法改革的途径

素质教育旨在提升全民素质。其宗旨是遵循国家教育方针，关注受教育者和社会发展的长远需求。素质教育是面向全体学生的教育，旨在全面提高他们的基本素质。同时注重对学生态度和能力的培养，促进他们在品德、智力、体魄等方面全面发展。体育素质教育在高等教育中扮演了不可或缺的重要角色，实施素质教育的目的是通过全面提高学生的身体素质和促进其身心健康，为社会培养出高质量的人才。以体育实践为主要方式，促进学生全面发展。随着全面推进素质教育并不断深化高校体育教学改革，学校体育教学对传统教学方式提出了新要求。

真正实施以学生为中心的教学实践,并实现素质教育下高校体育教学的目标,通过以下方式,更好地推进高校体育教学方式的改革。

1. 高校体育教学观念的更新

设定运动教学策略的主要目的是达成教育目标和提升运动教育水平。体育教学方法和其他学科教学方法最大的差别在于前者是借鉴竞技体育训练方法,而竞技体育训练主要以提高技能水平为目的,而非教授学生理论知识。在传统的体育教学中,教学重心是运动技能的形成和指导,教学方法则是局限于教材、教师和课堂,教师是主导者,强调单向传递的教法,侧重于体育的锻炼功能,技术动作规范和标准是统一的。然而,这种教学方法比较单调枯燥,缺乏多样性和创新性。现代体育教学注重人类的全面发展和对社会的贡献,将教育与社会生活融为一体,秉承"以教师为引导者,以学生为主体,双向教学法"的理念,强调培养学生创造性思维、自主学习能力和自我训练能力,力求达到个人需求与社会需求的统一,同时注重尊重每个学生的个性差异,使教学形式多样化。现代教学方法注重学生的主体性,尊重学生的个体差异,从而填补了传统教育中忽视学生主体性和个体差异的缺陷。

2019 年全国教育工作会议提出教育改革是"最硬的一仗",要付出巨大努力来推进,并要在一些重要的方面实现突破。"观念是行动的灵魂,教学观念对教学起着指导作用,更新教学观念是高校体育教学方法改革的首要任务。"[1] 因此,高等教育院校的体育教育教师应该调整他们的教学理念以迎合素质教育的要求,同时不断探索与改革体育教学方法。

2. 进一步明确高校体育教学目标

体育教学是一个包含多个要素的复杂系统,其中体育教学方法是关键组成部分。在体育教学中,开展的所有活动都应该与教学目标密切相关,以确保它们对于实现体育教学目标发挥积极的作用。目前,我国大部分高校对于体育教学,尤其是大一的体育教学,所设立的目标已经在中学阶段就已经完成了。中学阶段未能达成这些教学目标的主要原因是学校过于关注升学率而忽略了体育教育,因此

---

[1] 蔡宏生. 浅析体育教学资源的开发与高校体育教学改革研究 [J]. 当代体育科技,2018,8(25):166.

许多中学体育教学计划的内容未能得到全面落实。在新时代背景下，高校体育的发展重点应当侧重于多样性，以满足大学生多元化的锻炼、娱乐和竞技需求。为此，可以通过体育选修课、俱乐部、讲座、协会等多种方式来提高学生的综合体育素质。这意味着高校不再仅仅注重基础技能的培养，而是强调多元文化与人文素养的完善和提升。高校应该在体育方面推进生活化、娱乐化、文化化和愉悦化的转型和发展。除传授实用的技巧，使学生能够终身受用外，高校还需培养大学生正确的体育态度，使其正确认识和欣赏体育运动。为了实现高校体育教学目标，高校需要采用最有效的教学方法，激发学生的学习热情和动力，调动他们在体育学习和训练中的积极性，并为此提供最佳的学习和训练途径。

3. 教学内容改革与教学方法改革要同步进行

据辩证法的观点，事物的形式是由其内容决定的，因此内容是最重要的一部分，形式则是用来展现内容的手段。在进行体育教学时，教师应该充分考虑体育教学内容的特殊性，选择相应的教学方法。然而，目前许多高校的体育课堂的教学方法仍然较为单调，存在形式化等问题，这些问题主要是因为教学指导思想比较滞后、体育课程内容比较繁复、学生数量众多、教学时间不足以及场地和器材等方面的不足所导致的。当前高校体育课程过于注重智力因素的培养，而忽视了非智力方面的发展，导致教学仅关注智力开发，而缺乏对非智力方面的培养。这种方式所培养出来的人才难以适应社会的需求。

在素质教育的背景下，体育教学的重点将不再是单纯以运动技术为主，而是以体育方法、体育动机、体育活动和体育经验等为核心内容来开展。但这并不意味着要完全否定运动技术的教学，而是在课堂中相应地减少技术教学的比重。教学计划需要根据社会体育的发展情况、学生的个性需求以及学校的教学设备等诸多因素进行必要的调整。比起以往，未来运动中休闲性、娱乐性体育和个人锻炼等项目的占比将会上升，体育内容也会变得更为综合，包括理论、技术、保健和身体健康等方面，呈现出丰富多样的发展面貌。为了增进学生对体育教育的热情和参与度，体育课程应聚焦于强调健身、娱乐、实用及连续性等可接受的内容。随着体育教学内容的改变，教学组织形式和方法也会逐步升级。

4. 综合性地选择教学方法

过去我们对于教学方法的选择主要局限在如何实现学生运动技能的培养，而很少关注于培养学生思维力、创造力等方面，而现在，我们要强调教学方法的多样性，结合现代化的教学手段。如采用多媒体技术进行体育课教学，可以使教学更加生动有趣；利用多样化的表现形式，有助于学生更好地理解和感受抽象的概念。通过这种方式，课堂教学会达到更高的质量和效率。在体育课上适时运用多媒体教学软件，不仅能够帮助学生更好地理解和掌握所学动作技术，还可以培养学生自主观察和探究的学习能力，提高体育课的教学效果。另外，素质教育的明显特征是关注学生的主观能动性，更加注重促进学生的个性化成长，主张根据学生独特的个性特质，采用不同的教学方式。为了给每位学生提供适合自身的教学方法，小班教学是必不可少的。如果条件不允许，也可以尝试分组教学的方案，将学生根据体育水平差异分组，并提供个性化授课方式、不同的目标设定和满足不同需求的授课内容。

5. 更新体育教学评价方法

改革考试方式是促进教学内容和方法变革的重要前提。传统的高校体育教学过于强调提高学生的运动技能和身体素质，却忽视了体育本身的内在目的、作用及其发展规律，也未能及时融合现代体育科学研究成果，培养学生终身保持体育意识的能力。在体育考试中，通常以一种标准化的考试方式来测试学生的技能和达到标准的程度。这种方式需要教师和学生投入大量时间和精力去完成与课程无关的测试工作，以确保达到相应的目标。这种考试方式忽视了学生个体的基础水平、学习提高幅度和个体差异，也没有考虑到学生在体育学习方面的情感目标和自我进步情况。因此，这种考试方式的不公平性可能会导致学生的体育能力得不到充分发展，也无法有效应对学习差异和激发学生的积极性。

在现代体育教学中，评价体系应该注重学生的体育能力的提高，并结合考核过程和结果，形成综合性的整体评价方法。这种方法综合考虑了学生现有的体育能力水平，还关注了学生在实践中对体育的不断提高。此外，它还充分考虑了个体差异，将技术考核和学习锻炼方法、健身养护知识以及该项目未来发展趋势相结合。这种评估方式涵盖了学习者各个方面的要求，并提高了教师的教学能力的标准。

除检验学生学习效果外,体育考试还是提升学生身体素质的重要途径。体育教育不仅能让学生掌握理论和相关知识,还能提升他们的体育能力和全面素质。这将有助于强化人们对于健康至上、终身体育的认识,并推动体育教育向素质教育的方向发展。

6. 建设高素质的体育师资队伍

高等院校体育素质教育的效果与教师的专业水平息息相关。只有建构一支高水平的教师团队,才能确保高等教育中的体育素质教育取得良好的效果。受历史发展的影响,我国许多高校体育教师的总体素质水平与现代素质教育所要求的水平之间存在一定差异。为了提高教师队伍素质,一方面,需要借助体育院校的力量,为高校培养和输送高素质毕业生,为教师队伍注入新的活力;另一方面,应该注重加强在岗教师的培训,以帮助他们掌握必要的教学理论和技能。通过这样的方式,可以帮助教师成为更全面、更多元化的素质型教师,有助于顺利实现素质教育目标。

(二)人本主义下高校体育教学方法改革

高校体育教学方法的更新是推进高校体育教育水平提升的关键。通过更新教学方法,能够更好地培养大学生的创新意识、创新思维和创新能力,使教育更加实用化。当代人本主义教育理念以人为中心,提倡尊重和关注每个学生的成长和需求。因此,以此为指导探讨高校体育教学方法的改革,具有非常重要的意义。

1. 人本主义的核心内涵

人本主义起源于 20 世纪 60 年代,最早源于古希腊的人文主义教育精神。在古希腊,人们将这种教育称之为"Liberal education",意即"文科教育"[1],人本主义认为人是世界的本源。从人本主义的角度来看,人类的进步是由内在的本能、个人体验和自我扩张意识所促进的。这种思想深刻地影响了教育教学,表现为在教学过程中更加注重发展和培养个人情感和意志,尤其是强调人性的发展。人本主义非常注重培养人的人文素养,致力于促进个人的价值观,提升和全面发展人

---

[1] 李利华,邢海军,谢佳. 体育教学思维创新与运动实践研究 [M]. 南昌:江西高校出版社,2019.

格特质。它要求教学内容、方法和组织形式都应该个性化,力图摆脱传统机械化的教育方式。其核心价值在于注重开发和尊重个人的独特性,认为探究人的内在特质尤其重要。简而言之,那就是弘扬人文精神。总的来说,人本主义有三个方面的特点。首先,人本主义的核心在于将人置于至高无上的地位,将人作为一切事物的中心,强调人类在社会和自然环境中的主导作用。其次,人本主义主张尊重个人的自由和尊严,认为每个人都有追求幸福生活的权利。它强调每个人都应被尊重和珍视,认为每个人都有其独特的生命意义和存在价值。再次,人本主义倡导保持独立自主的人格,支持人与人之间的平等和互相尊重。最后,人本主义尤其重视人的精神文化素养,并认为只有这些素养更符合人类本性,才能真正展现人作为人的本质。当代西方人本主义教育思潮的核心思想就是强调人文精神的重要性。因此,人本主义教育家认为"教育要以人为中心,人的本质在于自我实现,有不断向上的巨大潜能,教育以激发这种潜能为终极目标"[①]。

2. 人本主义教育观的科学阐释

20 世纪 60 年代末,人本主义教育思潮在西方开始流行。人本主义教育思想旨在使人从被物化、被剥夺自主权利的状态中解放出来,重归人类在世界中的主体地位。教育不再仅仅为适应社会需求而存在,而是致力于培养人的精神和道德,让人摆脱社会桎梏,促进个体与社会的共同进步。当代人本主义教育思潮的典型教育观在三个方面得到彰显。首先,当代个人主义教育思潮呼吁追求满足个人需求和实现个人价值的教育目标。每个人都有多项需求,这些需求的满足程度会影响他们的行为驱动和行为表现。人的需求可以按照五个层次分为生理需求、安全需求、社交需求、尊重需求和自我实现需求。只有充分发挥个体的潜能,才能获得真正的自由并在社会中找到存在的意义。因此,在人本主义教育价值观看来,满足并实现自我需求是非常重要的。其次,当代人本主义思想认为,个人的自我实现是最重要的教育目的。教育目的是教育价值的具体化和现实化,认为"人首先存在、露面、出场,后来才说明自身",因而"存在先于本质",发现自我的存

---

① 李慧. 高校体育教学改革与科学化训练研究 [M]. 沈阳:辽宁大学出版社,2019.

在是最重要的。①最后,当代人本主义教育理论认为教学是一种开放且自由的创造性活动。人可以自主地选择和行动,这种自主性来自人的主观意识,同时也需要对自己的选择负责。

3.高校体育教学方法改革

(1)高校体育教学方法改革的重要性

高校体育改革的目标是提升学生的知识获取能力以及培养其创新精神。这项改革的关键是实现更高效的教育管理,为高校教学质量提供保障。目前,大学体育教学通常偏重于向学生灌输知识、技术和技能,教学过程中常常以教师和教科书为主导,缺乏学生的自主参与和互动。而体育教学改革的目标很难通过传统的单向授课方式达成,因此需要采用更有效的教学方法。倘若不能全面改革这种陈旧的教学法,所培养的学生将难以适应社会快速变革的需求。总体而言,高校体育教学的改革旨在适应时代变革和满足当代社会的需求,故需要改变教学方法。只有将当代人本主义教育思潮融入高校的体育教学方法改革中,才能培养出具备高度综合素质、得到社会广泛认可且可以为社会带来积极贡献的人才。

(2)高校体育教学方法改革的重点

在当代强调人本主义教育的思潮下,高校体育教学的改革重点在于以学生为中心,发展其个性特点,培养其科学思维和独立解决问题的能力。另外,教师应该激发学生的学习动力和积极性,发掘他们的潜质,以促进学生全方位地成长。高校体育教学应该注重认识和适应人、事、环境的整体变化。高等体育教学方法的改革旨在激发学生的知识运用能力,并在知识学习的基础上提高他们的能力水平。无论环境如何变化,教育应使学生都能够掌握有价值的信息,并将所学知识创造性地应用于社会进步。不过需要特别注意的是,不能认为高校体育教学手段的变革就是教学方法的变革。教学手段只是通过使用各种工具和设备,以提高教学效果并有效地传达教学信息的方式。

在教学手段方面的革新,表现为使用先进的信息技术教学设备和采用多媒体教学,可以有效地促进学生的学习,帮助学生理解教学内容,增加学生的知识储

---

① 高延龙,李军靠,闫世笙.基础教育新课改与教师教育创新研究[M].西安:西北大学出版社,2008.

备，更好地掌握和巩固所学知识。高校体育的教学手段改革是与教学方法改革密切相关，但并不能混为一谈。不能简单地以教学手段的改革来替代教学方法的改革。教学手段的改革只是教学方法改革的一部分。

（3）高校体育教学方法的改革设想

首先，要转变传统的教学观念，以改变高校体育教学方法。在当下的人本主义教育思潮的影响中，高校体育教学应坚持素质教育的标准，从改变观念开始，致力于培养学生的创新思维和实践能力，不再采用单调机械的教学方法，而是鼓励学生创造性学习。高校体育教学方法的改革应该以培养学生的综合素质和促进其全面发展为目标，注重针对学生的实际情况，采用科学、合理的方式重新组织和设计教学内容。教学方法应当尽可能适应学生的特点，遵循大学生身心成长规律，根据他们的兴趣、性格等给予更多的自由选择空间，让学生能自主独立地作出选择。此外，在设定体育教学目标时，需要以培养未来的专业人才为目标，同时考虑短期实际效果和长期效果。在教学过程中，我们要充分认识教学目标的复杂性，注重培养学生个性化成长与发展，营造良好的学习氛围，以促进教学方法的创新。

其次，要改革高校体育教学方法，必须重视提升教师的专业水平。如果教师的素质得不到提高，改革就难以取得成功。实施体育教学改革的关键是提升体育教师的自我素养，因为高校体育思想、内容、方法都需要体育教师来实践执行。高校体育教师不能故步自封，而是要不断吸收和创造新知识，充分发挥自身的智慧和才能，在教育改革中不断提升自己的能力。此外，我们可以激励教师积极地开展创新和试验，以改善教学方法。教师应考虑学生的生理、心理、体能、体质和体育基础等因素，采用多种教学形式和考核标准，以满足不同层次学生的需求，如动态式教学，这种方法有助于激发学生对体育学习的兴趣并提高教学质量。

再次，要改革高校体育教学方法，必须重视课堂改革。在高校体育教学方面，我们需要探索新的教学模式。目前，高校教学改革的一项关键任务是创新体育教学模式，以平衡教师的主导地位与学生在学习中的主体地位。这一模式旨在改进传统的教学方式。在此教学模式下，教师担任引领学习和统筹协调的角色，学生则成为主动探究、发现知识的主体。在教学过程中，学生对知识的理解和建构成为重点，教师通过创造适宜的教学情境，促进师生和学生间的讨论和合作，将理论与实践有机结合，帮助学生掌握和理解知识。同时，鼓励学生进行自主意义建构，建立属于自己的知识框架。努力培养学生将被动学习转变为主动学习的意识，并使其具备终身体育意识。此外，随着现代科技不断进步，传统的高校体育课堂教学方式已经不能满足现今教学需求，现代教学方法必将逐渐替代传统方式。引入现代化的教学手段可以让教学内容更加生动立体，包括运用声音与图像等方式，使课堂教学更具互动性和趣味性，激发学生的学习热情和主动获取、运用、处理知识的能力。通过这种超时空的课堂方式，可以推动课堂教学不断革新。

最后，要积极变革体育教学方式，包括评价方式的变革、致力于塑造学生的协作意识并引导其自主学习。传统的高校体育教学评价方法强调统一考试与测评，这体现了传统教育观念中以成绩衡量一切的观点。然而，这种方法把所有学生都置于相同的标准下进行评价，其科学性方面存在明显不足。因此，在高校体育教学实践中，应该让学生参与到体育学习评价中，而不仅仅由体育教师进行评价。学生参与评价的意义在于培养他们准确认识和评价自己以及他人的能力，同时也为教师提供了评价依据。经过实践检验，对体育学习成果进行评价是至关重要的，可以激励学生更好地学习，并促进他们的健康发展。利用自我评价、互评和小组评价等方法激励学生的主动学习，能够促进体育课堂氛围的活跃，同时也对学生全面成长有着积极的影响。高校体育教师在选择和创作教材时需遵循一定标准，同时注重体现时代特色，不仅要传承和发展传统，还要吸收现代文化，融入本地和学校的特色。在教学过程中，充分激发师生双方的动力和创意；在课堂教学中，积极展现体育的运动性、多元性和趣味性。教师应该重视引导学生形成正确的学习态度和价值观，同时积极倡导自主、合作和探究式的学习方法，以帮助他们通过参与感兴趣的活动来全面提升体育综合素质。进行协作学习时，学生首先需要意识到自己必须承担的责任，这些责任对于完成学习任务至关重要。同时，小组成员需要相互协作来顺利完成学习任务。通过这些活动，学生可以意识到团队合作的重要性，并提升他们的合作意识。

二、高校体育教学方法的创新

（一）存在的问题

1. 教育方法单一

目前，很多高校体育教师的教学活动存在着方法单一的问题，这主要是因为受到传统教育观念和思想的制约。在教学过程中，他们依旧主要注重向学生传授体育技术，采用传统的讲解、示范、练习等方式进行教学。

在这种教学模式下，高校的体育课教学效果会受到不良影响。传统的体育教学方法已经逐渐过时，存在着各种缺陷和问题。随着体育教学形势的变化，我们需要深刻认识到高校体育教育的目标和形式也已经发生了变化，需要采用与时俱进的教学方法，以适应新形势的需要。因此，高校体育教师应该拓展思维，增强创新意识，并在传统体育教学经验的基础上引入新的创新要素，还应该不断改进高校体育教学方法，以更好地促进学生身心健康全面提升和高校体育教育的发展。

2. 教学效果不明显

传统的体育教学过于强调规范化技能的传授，可能导致许多教师只注重教授学生易于掌握的技能，而忽略了其他方面的教学任务。有些教师在课堂教学中过分关注体育技能和纠正动作的精准度，而忽略了培养学生的观察力、创新意识和自主学习能力。这种教学方式使得高校体育教学的目标偏离，进而影响学生的学习效果。

虽然有一些教师也在课堂上利用高科技手段进行教学，但由于使用难度等因素，其实际效果可能会受到较大的影响。

3. 学生自我学习意识不强

受到传统思想的影响，许多高校体育教师倾向于采用以"教师为中心"的方式进行教学。尽管这种教学模式或许在某些方面表现出一定的效果，但对于激发学生的自主学习能力和创新能力等方面却未有显著效果。这种教学方式缺乏对学生个体差异的重视，采用的是"大众化"的教学方式。根据实际观察，学生的个性特征既有助于促进心理健康成长，还是现代社会对人才素质培养的重要要求。因此，高等学校的体育教师应该因人而异地提供个性化的支持和引导，以满足不同学生的不同需求。

（二）影响创新的原因

1. 教师的原因

影响体育教学创新的关键因素之一是高校体育教师的教学能力。虽然在高校的体育教学活动中，学生是创新的主要推动者，但是教师的作用同样至关重要。教师能够激发学生的积极性，引导他们积极表现出自己的能力。高校体育教师的能力水平与学生创造能力的发挥密切相关。因此，高校体育教师应该擅长引导学生学习，掌握他们的学习和心理情况，不断激发学生的想象力和创造力，以期在体育教学方面开创新的方法。

目前，我国许多高等院校对体育教学方法的多样性发展不够重视，在教学素养和教学理论方面存在欠缺的体育教师也很多。这种情形造成了一些学生对于体育教学活动的兴趣降低，使他们的创造力和想象力也逐渐减退。为改变这一现状，体育教师要寻求适当的方法，帮助学生能够充分参与学习和运动，并允许他们自主选择所喜欢的运动项目的自由。这种方法能够培养学生在体育运动中的想象力和创造力。

2. 学生的原因

高校体育教学方法的创新还受到学生自身因素的影响。高校体育教学活动的实际成果受学生参与体育活动的热情程度、对特定体育运动项目的兴趣，以及是否具有想象力的影响。即使学生天资聪颖，若未积极参与体育活动，那么在高校体育教学中的潜力也难以被充分挖掘出来。

在教授体育课程时，教师应该重视调动学生对体育运动项目的兴趣，因为这不仅是促使他们参与体育活动的动力，也是他们积极学习并培养创新能力的关键因素。一旦激发了学生对体育活动的热情，不仅能使其在学习和锻炼方面更加投入和集中，还可以增强其意志力。

（三）创新高校体育教学方法的探讨

1. 培养学生的创新意识

要推动高校体育教学的创新，关键在于激发学生的创新意识。目前，高校体育教育的主要目标在于将锻炼和娱乐相融合。为此，教师应该致力于培养学生积极主动的学习态度，激发他们对体育活动的热情和兴趣。学生可以根据他们感兴趣的运动和自身的能力水平积极主动地参与体育活动。这种方式可以推动高校体育教学方法的持续创新。

2. 改革教学方法

教师应该致力于寻求实用而可行的教学方法，并在实际教学过程中不断调整和改进，以激发学生的学习热情。当前的高校体育教学需要与时俱进，不能局限于传统的讲解示范和重复练习的教学方式。教师应该考虑到学生个体差异和兴趣爱好等因素，选择更符合学生身心健康和全面发展需求的教学手段。

3. 教与学的有机统一

在高校体育活动中，必须将教师的教学和学生的学习有机地结合起来，以促进教学活动创新发展。当教师单独进行体育教学活动，而没有学生参与其中时，教育活动就无法达到完整的体育教学目的。同样地，只有学生参与体育教学活动而缺乏教师的指导，也无法达到体育教学目的。在进行体育活动时，教师应考虑多方面的因素，如自身素质、学生需求、教学内容及教学方式等，灵活运用创新的教学方式，满足学生的需求。这意味着需要教师和学生都积极参与体育教学，实现教学的一致性。

4. 关注学生的全面发展

随着时代的发展，体育教学活动的创新必须兼顾学生的全方位发展。因此，高校体育教师应致力于在教学活动中促使学生实现全面成长。教师需要根据学生的个性化需求，在实践中注重未来发展，致力于帮助学生夯实基础，寻求最符合其发展方向的教学策略，从而确保每个学生都在体育教学中获得长远的发展。此外，教师应当重视塑造学生正确的价值观，并掌握将学习、身体健康和娱乐相融合的技巧，在教学过程中有机地结合理论知识和实践应用，同时注重课内外结合的教育活动，以促进学生的全面发展。

5. 应用现代信息技术

随着计算机的普及和应用，教育领域正迎来一场前所未有的变革。教育走向现代化的标志之一是现代化教学方法的使用，包括在教学中运用先进的信息技术。信息技术在体育课堂实践教学中的地位越来越重要，它将身体锻炼和技能培养融为一体成为一个重要学科。

第三章 高校体育的教学模式

本章为高校体育的教学模式，分别介绍了高校体育教学模式概述、高校常见的体育教学模式、高校体育教学模式的应用以及高校体育教学模式的发展趋势。

第一节 高校体育教学模式概述

一、体育教学模式的概念

教学模式是按照一定教学目标形成的一种具有相应结构和功能的教学活动模型。教学模式是一种系统化考虑了理论构思和应用技术的方法论，用于设计、组织和调控教学活动。目前，教学模式在前人成果的基础上又有了新的发展。

"教学模式"一词最早是由美国学者乔伊斯和韦尔等人提出的，他们认为，教学模式是"试图系统地探讨教育目的、教学策略、课程设计和教材，以及社会和心理理论之间的相互影响，以设法考察一系列可以使教师行为模式化的各种可供选择的范型"[①]。在我国，对于教学模式的讨论有几种不同的观点，如结构论、过程论、策略论和方法论等。这些观点认为教学模式是稳定的，但它们的侧重点不同。结构论将教学模式视为某种结构，而过程论则将其看作一个经历过程。策略论则将教学模式看作一种教学策略，方法论将其视为某种"方法"。因此，要探究教学模式的本质，必须从它所属的上层抽象概念"模式"开始进行讨论。"模式"的概念包括人类对事物的稳定认知和稳定操作两个方面。其中，认知模式是

---

① 刘海洋，杨战广，杨少洁. 基于有效教学理论的高校体育教学研究 [M]. 北京：中国商业出版社，2022.

人类对事物的稳定认识，而方法模式则是人类对事物的稳定操作方式。因此，认识模式和方法模式是教学模式的两个基本方面。这表明教学模式是教学形式和方法的统一。在这个比喻中，"过程的结构"可以比喻为人体的"骨架"，而"教学方法体系"则类似于人类的肌肉组织，二者缺一不可，共同构成了一套完整的教学体系。

体育教学模式是一种有效的教学活动框架，它在特定的教学环境下，通过特定的体育教学思想，实现既定的教学目标。教学模式是将教学经验进行归纳和整合，它是建立在教学实践的基础之上的，但并非是对个别教学经验的简单汇总。教学模式是实践教学的指引，也是理论与实践之间的纽带，有助于促进教学理论的不断发展。因此，它具有促进两者之间交流的中介作用。由于体育教学涉及学习、游戏和训练过程等多个方面，因此它是一个相对复杂的过程。与其他学科教学相比，体育教学具有其自身特殊的规律，诸如认知规律、身体锻炼规律、技能形成规律和竞赛规律等，这些规律必须在体育教学模式中得到充分体现。

二、现代体育教学模式的特征

综合考虑相关研究，我们可以总结出现代体育教学模式呈现出以下特征。

（一）全面性

高校体育教学需要遵循一套系统化的结构和教学规律，包括认知规律、运动技能形成规律、运动负荷规律以及情感体验等。只有理论经过充分的发展和完善，才能够成为有效的教学指导。这样，理论和实践可以相互促进，进而建立起一个系统化的体育教学模式。与传统的教学模式相比，现代体育教学在教学观、教学方法、教学手段等方面有所发展，使得教学目标更加全面。

（二）稳定性

完整的大学体育教学模式的建立是不断经受实践检验的过程，并在这一过程中形成了相对稳定的理论基础和教学思想。它是关于教学实践的理论总结，可以部分地揭示教学活动的普遍规律性。它并非与特定学科内容相关，而是为教师提供一个教学行为的指导。通过采用适当的教学策略，教学过程能够具有高度的可操作性，并实现标准化。

（三）多元性

现代体育教学模式的一个重要特点就是多元性，因此不同性别或年龄层次的学生，都有各自的特点。为了促进体育教学评价的多样性，我们需要采用一种综合性评价模式，这种模式将过程评价、终结评审、自我评价和集体评价相结合，以创造多样化创新的课堂教学模式。

（四）针对性

每种体育教学模式都有其适用的情境和范围，不存在一种模式适用于所有场合。由于高校体育的教学目标、教学内容及评价方式有着多样性，因此在设置高校体育教学模式时，需要综合考虑教学指导思想、地域和学校特色，以确定适用的情境范围，并实现个性化教学模式，而不是一味地追求万能的体育教学模式。为了实现特定的教学目的，不同的教学模式都需要明确定义其效果评价的准则。只有采用这种体育教学方式，才能促进学生积极参与体育锻炼。这种方法可以确保学生内在和外在动机之间的平衡，满足不同的需求，并鼓励大学生持续不断地进行体育锻炼，让学生从"被动地学习"转向主动实践，从"被要求练"到"自愿练习"。在未来，这种新的理念将指导普通高校的体育教学模式的构建，并在实践过程中不断创新改进。除此之外，也要积极吸取国外先进的教学经验，并不断优化现有的教学方式，使得体育教学更具生命力和吸引力。

三、体育教学模式的结构和功能

（一）体育教学模式的结构

体育教学是一个内部要素相互关联、相互作用的系统，其中包含多种要素，如教学思想、教学人员、学习资源、教学方式、场所设备以及教学流程等。这些要素相互协作，不断变化与调整，共同构成了一个完整的体育教学系统。研究体育教学模式的目的是优化体育教学活动，在各种要素之间找到最佳的组合方式，以达到最好的整体效果。只有对系统的各个组成部分和结构进行优化，才能充分发挥整个系统的功能。通过分析体育教学模式的特点，可以发现体育教学模式包括三个关键要素：教学思想、教学目标和教学活动程序。如果想要实施"发现学习教学模式"，就需要以激发学生自主探索和提高认知能力为基本理念，这一理念将影响教学模式的特性、研究方法和评估效果，并在实际教学过程中发挥引导作用。基于教学思想，制订教学目标，设计教学流程以激发学生寻找和解决问题能力，也就是"设定问题—提出假设—验证学习—集体讨论—得出答案"，这一过程展现在单元和课程的构架中，构建了"发现学习教学模式"的基础框架。一旦上述三个关键要素齐备，这种教学模式就初步形成了。

（二）体育教学模式的功能

将模式引入教学论中架起了教学理论与教学实践之间的桥梁。因此，教学模式在功能上具有实践和理论两个方面。

一是促进体育教学理论向教学实践转化。体育教学理论是多年来教学成功经验的总结，随着教育和体育科学的不断进步，体育教学理论也在不断发展，并吸收了许多相关学科的理论成果。各种理论交叉融合可能会出现相互矛盾和难以统一的情况。在这种情况下，体育教学理论通常会采取折中的方法，以便在实践中具体执行。通过运用体育教学模式，可以将理论知识成功地转化为实际的教学应用并得以实施。采取高效的指导措施，帮助在体育技术学习方面遇到困难的学生，成功地解决了整合多个学科的难题，这是"合作学习"模式的运用效果。

二是使体育教学经验升华为教学理论。好的教学法实践研究可以提出相应的体育教学模式，发掘出体育教学实践中的精髓，并进行实践验证。教学模式经过多次的验证和改进后，形成可行的教学方案，并推广到其他教学场景中，并不断对现有理论进行修正和充实。

第二节 高校常见的体育教学模式

一、"双向主体能动式"教学模式

（一）指导思想

在主体教育理论的指导下，教师通过科学引导启发学生的主动探索，学生则主动学习并自主发挥积极性和创造性，通过相互交流、自我体验尝试培养体育能力。在这一过程中，教师发挥引导、辅助、激发、鼓励的作用。

（二）教学目的

教学以培养学生能动思维能力，掌握运动规律的发展为目的，发挥学生的主观能动性并鼓励他们积极体验尝试，增强参与体育运动的自信心，克服心理因素影响，在相互学习中增强集体意识，建立和培养社会交往能力。

（三）教学方式

教学过程中"双向主体能动式"的主要因素是教师、课程和学生，三个因素各有作用。教师作为教学的主体，学生和课程就是在主体教师进行的教学活动中的客体内容；而学生在教学过程中作为主体，教师和课程就是学生学习活动的统一客体；课程作为教学活动的主体，连接着教师和学生，发挥着重要的作用。教学过程中学生和教师的主体地位的变化，学生之间的个体、群体相互交流指导，使教学活动保持动态发展。

这种教学模式的主要特点是"双向性、参与性、能动性"。通过教学活动中学生与教师的双向能动交流，充分调动教师与学生双方的积极性和能动性，良好的教学环境能使课堂氛围变得活跃，从而激发学生潜意识的能量和创意，实现教学过程中的双赢。教师作为教学活动中的组织者和设计者，应该选择适当的时机和学生进行沟通和互动，从而形成良好的师生关系。在教学交流中，学生与教师两个主体之间应该形成一种互相交流的关系，教师不仅要从学生的角度上看待问题，感受学生的心理活动，还要与学生一同设计问题，寻找解答，分析讨论，产生不同的观点,从而对学生进行引导启发。在这样的教学环境中,学生能够充分感受到自己的主体地位和被集体的认同感。教师对学生成绩的正确评测以及中肯的评价,可以鼓励学生积极的学习,加深学生与教师之间的关系,让学生更加愿意展现自己的真实想法,从而积极主动地参与到集体教学活动中来。在实践教学中,传统教学模式下的体育课往往由教师全程指导,从准备活动到课堂练习,直到结束,教师一直独自示范带领,学生只是被动地接受,两个主体之间较少进行互动,导致教学效果不理想。但是在采用"双主体能动式"教学模式的体育课中,教师可以提出各种设想,让学习的主体不再仅仅是学生,同时教学的主体也不单单只是教师,两者互为主体。学生在引领的过程中增进了沟通、教学和组织创新的多种技能,而被带领的学生和教师不仅可以学习到基础的体育知识,还可以吸取经验,弥补不足。

通过让学生进行角色转换,每个学生都能在教学活动中正确规划自己,尽情展示自我,充分认识教学过程,理解教师的工作,并在学习中提升自己各方面的素质,实现自我价值。同时,教师通过观察学生的表现,可以更加深入地了解学生的学习和各方面的能力,从而准确地对教学进行反馈,为提高教学效果奠定基础。因此,运用角色互换的教学方式,可以充分体现出学生与教师"双主体"的作用。

1. 小组合作学习

分组练习是以小组和班级相结合的教学方式。在班级授课的基础上,以分组练习运动技能的形式,充分体现整体性与个体性的辩证统一。在分组合作练习中,教师的主导性地位降低,学生的主体作用提升。分组练习为学生创造了一个自由学习的环境,有利于学生与教师之间沟通,同学之间相互合作交流,同时学生在集体中感受到了与人合作的成就感,建立起了信任,也培养了学生的社会交往能力。在教师的引导下,小组成员相互帮助,更好地完成教师布置的课上教学任务。

2. 能动式教学

在教学中的问题不是以直接的方式回答,而是以引导启发的形式,让学生能主动思考问题,同时教师可以对学生进行启发式的提问,学生也可以提问教师,通过主体双方共同思考探索问题的本质。"双向主体能动式"的教学模式就是在整个教学过程中教师和学生以启发式的教学方式进行沟通，教师在教学过程中设疑、提问学生，与学生探讨、交流问题，不以教师的主观性来评定答案，而是以引导的形式进行。教师在交流中以平等的方式进行，强调在启发的过程中使学生认识事物的本质，对于学生回答适时的给予鼓励，以提升学生理解能力和判断能力。

3. 多媒体教学

在双向主体能动教学过程中，教师可根据课程情况适时的安排在理论课上播放关于专业体育运动视频资料，并加以引导性的讲解，使学生感知体育运动的真实性，能在练习中加以模仿。这种观摩欣赏，在一定程度上对体育教学也是一种调剂，能够调动学生的热情和积极性，使学生更好地完成教学任务。视频教学课中并非单纯的播放运动视频，还需要教师的引导和组织，这要求教师在备课时积极准备，教师要查阅、收集相关的资料和视频，课上还需要准确讲解，让学生在观看的同时理解运动的本质并掌握正确的动作要领。这样的教学方法不仅能帮助学生掌握更多的知识，还能提高学生的思维能力。

二、"快乐体育"教学模式

（一）"快乐体育"概述

1. "快乐体育"的定义

国内学者认为，快乐体育教学是一种教学方法，其核心是通过运动并运用恰当的教学方法来使学生的身体获得全面发展，让学生在获得身体健康的同时体验到心理上的快乐，使快乐成为该教学方法的直接显性目标。而日本学者指出，快乐体育教学的核心理念在于将运动视作体育教育追求的目标，而非仅仅作为达成目标的手段。这种教学方法的特点在于，它重视将运动作为学生未来生活中至关重要的一部分，并旨在让学生在学习的同时能够真正理解、享受、掌握和创造运动。此外，快乐体育教学还致力于将运动文化融入学生的日常生活，让其终身受益。一些学者指出，快乐体育是一个完整的体育教学实践系统，它基于人文主义教育观念，涵盖了教学方法和教材理论，旨在为体育教学提供指导。快乐体育是一种先进的教育理念，它将素质教育和传统体育教育融合在一起，以达到最佳效果。由于其独特性质，该理念成为体育教学的指导原则，帮助学生在运动中获得的参与感、理解力、掌握能力和创新潜力，从而激发他们在体育运动中的自主性。

简而言之，"快乐体育就是寓教于乐，是指从情感教学入手，倡导以学生为主体，教师为主导，对学生进行以健全的身体教育和人格教育为目标的体育教育思想"[①]。这种教学方法旨在通过采纳各种高效策略，让学生在学习过程中感到愉悦，从而使学生真正领悟体育运动的意义和乐趣，从而培养他们终身坚持体育运动的意识。

2. "快乐体育"的起源及发展背景

随着时代的发展，快乐体育已成为一种被人们广泛认可的理论和教育思想。这种体育教育思想源于日本，日本在当时为适应社会变化，提出把运动作为生活内容来学习的体育理念。20世纪90年代中期，这种教育思想被引进国内。在此之前，我国的教育模式普遍采用班级授课制，以教师为主，学生执行教师布置的任务。虽然体育教育可以在教授过程中提高学生的身体素质和运动能力，但由于传统教学方式的限制，学生缺乏主动性，导致参与运动的自觉性大大降低。这些消极因素对整个教学目标的实现产生不利影响。快乐体育的提出，正是为了让学生能够在有趣的氛围中接受体育教育。目前，快乐体育已经成为我国体育教育发展的新的理念。这一进展不仅改变了运动技术教育的管理体制和教学模式，还有助于消除应试教育中落后的教育观念和行为。

（二）快乐体育教学模式的特点与组成

1. 快乐体育教学模式的特点

快乐体育教育需要以情感教学为起点，注重学生健康体魄的培养和人格的塑造，尤其要强调关于爱与美的教育，同时也要关注各种运动所带来的愉悦体验，鼓励学生保持学习的兴趣，并在创新的学习中取得成功。情感教学强调从内心出发，促进学生身心健康发展，它对教学具有积极而深远的影响。除用运动和情感来实现教学目标之外，情感教学模式还将运动和情感本身视为直接的教学目标。

---

① 戴信言.高校体育教学多种模式的探索[M].北京：中国原子能出版社，2016.

在进行体育教学时，需要关注以下几个方面的特征。

（1）乐学性

体育教学的核心要求是把道德教育融入体育教学中。快乐体育以培养学生良好心理素质为目的，通过"乐学"这一理念来实现，使教师快乐地教学，学生快乐地学习。

（2）情境性

通过塑造情境，将体育教学活动融入特定的场景中，使学习体育变得有趣、自然、轻松。

（3）激励性

教学一方面应该激发学生的兴趣和热情，激励他们积极主动地学习；另一方面还需鼓励学生思考并促进他们的智力发展，从而在乐于学习的过程中不断成长。

（4）实效性

教学目标包括两个方面：一是教师要致力于帮助学生树立良好的学习态度，培养他们的乐学精神，以实现短期的教育效果；二是教师要提高教学质量，采用有效的教学方法和策略，以促进学生的终身体育发展为目标，并为此不断努力。

2.快乐体育教学模式的"三部分"

快乐体育"三部分"，包括准备部分、基本部分和结束部分。

在准备部分，我们的目标不仅是帮助学生做好生理上的体育课准备，还要让学生掌握主动权，鼓励他们自由发挥，勇于展现自己的创造力和想象力。这种做法不仅让学生有展现自我才华的机会，提高他们的组织能力，同时还能鼓励他们不断进步、树立健康的体育习惯。

基本部分是让学生在实践中拥有自主选择、组合、学习和锻炼的权利，而教师的角色就是帮助学生解决在实践中遇到的问题。教师将根据学生所选项目、认知水平和运动能力的差异，在每节课中制订不同的教学目标。学生可以运用多种不同的学习与练习方法，达到教学目标。此外，他们还可以通过合作，利用集体智慧一起解决学习过程中遇到的问题。

在结束部分，我们应鼓励学生打破传统形式，尝试有助于身心放松的各种活动。例如，进行游戏或跳团体舞蹈，进行冥想以放松身心或欣赏动听的音乐。

（三）"快乐体育"的理论依据

1. "快乐体育"教学的生理学依据

在传统的体育教学中，学生往往处于被动地位，很少能够主动参与体育学习和活动。这种教学方法只会影响学生运动后的食欲、睡眠、工作和学习等，而未能发挥运动的其他益处。研究表明，运动可以改善人体的生理机能，促进神经系统的活跃和运转。这种充满活力的状态会刺激脑部，使人感到兴奋并提升工作效率。因此，运动是一种有效平衡工作与休息的方法，对提高工作质量非常有益。

通过快乐体育教学方式，学生能够在轻松愉快的课堂氛围中学习，从而达到提高心肺功能的目的。此外，采用这种教学方式可以防止运动过度对心脏造成的危害。

实验证明，将快乐体育作为教学手段，学生的最大负荷强度约为60%，这一强度有助于保护运动器官，同时也会促进青少年学生身体的正常成长和发育，从而达到最佳的锻炼效果。如果青少年的运动负荷过高，可能会影响到其正常的成长发育。因此，需要制订合理的运动计划并遵循快乐体育的基本理论进行教学。

2. "快乐体育"的心理学依据

如果学生的心理状态与体育教学或训练的运动性质不相符，或者运动过程过于枯燥无味，可能会导致学生感到无聊或产生挫败感，这不利于学生个性品质的良好发展。快乐体育的教学使学生与运动的内在追求相一致，产生心情愉悦的效果，并满足他们的心理需求，从而更容易实现教学目标。因此，体育教师需要传授经典且富有创意的内容，利用运动项目的独特魅力，鼓舞学生勤于练习技术，同时让他们在这个过程中体验到成功的喜悦。

我们坚决反对"兴趣中心主义""一切从学生的兴趣出发"。在这里，我们需要区别快乐和乐趣的定义。快乐是通过感性体验获得的一种情感，而乐趣则是一种特性，能够引导人们感受到愉悦的情绪。因此，为适应高校学生的身心特征，我们需要修改某些运动项目的教材，选择富有趣味性且容易上手的练习内容，并采用生动活泼的教学形式，以确保学生在体育方面打好基础，从而受益终身。

3. "快乐体育"的本质

"快乐体育"并非仅仅是一种教育方式,它更是一种教育理念。在新时代的背景下,我们需要采用全新的体育教学形式来培养学生可持续参与体育活动的能力。因此,在实践中需要灵活多变、多样化的方法和手段来引导学生参与体育活动,这正是"快乐体育"所秉持的目标。这种理念有助于学生将来一直保持对体育的热爱并从事相关的职业,同时也推动新一代的体育教育工作者取得显著的进步和成就。快乐体育教学是一种关注情感教育的体育教育理念,其目标是培养人良好的身体素质和道德修养。它强调培养学生对运动的热爱,并通过美的教育和多样运动带来的乐趣来促进学生的学习兴趣,激发其创造性。快乐体育认为,运动和情感是实现教学目标的重要手段,同时也是直接目标,能够激发学生的兴趣和热情,让他们深刻理解学习的意义和价值。因此,激发学生对体育的兴趣,并满足他们的学习意愿,有助于培养其自身的体育能力,完善人格,为终身从事体育活动打下坚实的基础。简单来说,快乐体育是在愉快的氛围中开展教育,这是教育走向成功的必要途径。

快乐体育是一种以运动为基础的教学方法,通过科学的方法促进学生身体的全方位发展。这种教学方法有利于营造积极向上的教学氛围,让学生在愉悦的体验中激发自身的主动性。快乐教学遵循"以学生为中心"的教育指导理念,旨在促进学生全面、主动、充分、和谐地发展,并不断提高学生整体素质。这种教学方式能够成功地激发学生对体育的学习热情,帮助他们养成锻炼的习惯,并为未来终身体育奠定良好基础。

三、分层教学模式

(一)分层教学与分层教学模式的内涵

1. 分层教学的内涵

由于受到遗传、家庭和社会环境等多种因素的影响,学生在成长过程中存在着生理、心理等多方面的差异。为此,教师需要采用分层教学的方法来满足不同学生的学习需求,以达到更好的教育效果。在制订教学计划时,教师应该综合考虑学生的认知能力、学习能力和掌握能力，精心设计和实施教学方案，并在教学过程中有计划地进行指导、检查和评价，以提高教学效果。通过这种方式，每位学生都将有机会实现更大的改进和提高。

2. 分层教学模式的内涵

分层教学模式是一种针对学生个性差异的教学方式，通过将学生按照相似的特点（如兴趣、素质、技能等）进行分组，设计符合他们需求的教学方案，制订相同的学习目标，并设定不同层次的评价标准，以帮助他们更好地实现学习目标。

准确理解分层教学模式的含义需要注意以下几个方面：

①分层教学的重点是促进学生的全面发展。

②分层教学针对的是不同层次的学生群体。素质教育的核心理念在于面向所有学生，确保他们全方位、积极主动、和谐有序地发展。进行分层教学并不等同于放弃成绩较差的学生。

③制订分层教学方案时需考虑的因素。当我们谈论关于课堂教学时，需要考虑到四个重要的要素：学生、教师、教材以及教学媒体。这四个要素相互作用，形成一个整体。实施分层教学需要对以上四个要素进行综合考虑。

（二）分层教学模式的理论原则

1. 区别对待原则

不同学生之间存在着明显的个体差异。因此，在体育教学过程中，应该充分考虑到学生的差异性，采取因材施教的个性化教育策略，有针对性地进行教学和指导。为了确保不同层次的学生都能取得应有的学习成果，我们需要根据学生的特点，推动他们专业技能的发展和提升。需要指出的是，组别并非固定不变的。假如低层次组的学生通过努力达到了高层次组的学习水平，那么他们就可以被调整到高层次组继续学习；而高层次组的学生也可以选择参加低层次的学习小组，以缓解在高层次组学习中遇到的压力。同时，教师还要鼓励学生们相互协作，共同进步，以提升教学效果和水平。

2. 目标导向原则

教师需要先树立正确的分层意识，才能够推行分层教学。教师需要让学生理解分层的目标是通过全面促进所有学生的发展来满足不同学生的需求，推动素质教育的实施，而不是简单地将学生归为不同等级。只有实行分层教学，教师才能根据学生的个性差异，提供不同的教学方法，以促进每个学生的发展。这种教学方法能够打破传统教育的陈旧模式，不再只重视那些出类拔萃的学生而忽视其他学生，可以为每个学生提供平等的教育机会。只有让每个学生真正理解分层教学的实际意义，才能获得学生的支持，这是确保分层教学成功的关键。

3. 联系实际原则

联系实际是贯彻教育政策和推行素质教育的关键，也是促进体育课程发展和培养学生正确的体育科学观念的必要手段。在教学过程中，应该着重强调实践能力的培养，让学生通过实践学习并将理论知识应用实际生活中。这样有助于提升学习效果，并改善学生的身体素质。

（三）分层教学模式的主要分类

1. 班内分层目标教学模式

采取班内分层目标教学模式时，仍然要保留行政班的设置。在教学过程中，根据不同学生的实际情况，划分为高、中、低三个层次，为各个层次的学生设定不同的目标，并进行不同层次的教学和辅导，同时制订不同的检验标准进行检验，以达到促进各类学生充分发展的目的。

在班内进行分层时，需要注意以下几点：

①了解不同学生的差异，然后进行分组。

②根据差异进行分类，设置不同的目标。

③面对不同的学生，根据他们的情况进行个性化教学。

④分不同阶段进行考核，根据考核结果进行分类。

⑤进行持续评估，不断提高学生的学习水平。

2. 能力目标分层监测模式

能力目标分层教学首先根据学生的学习水平和能力特点进行分组，然后通过观察学生的努力程度和后续的学习状态,在学期末进行必要的调整和优化,以确保达到最佳教学效果。

3. 分层走班模式

根据学生的学业水平和能力,我们可以将他们分为三或四个层次,并形成新的教学班级,这些班级可命名为 A、B 和 C 等教学班。"走班"制度不是改变原有的行政班,而是根据学生的学习水平,将他们分配到相应的教学班来上课,以完成各自的学习任务。其特点在于,教师会根据学生的不同水平重新设计教学内容,设定适合他们基础的教学目标,这既能帮助那些成绩不理想的学生提高学习效果,又能满足那些优秀学生扩展知识面的需求。

4. 定向培养目标分层模式

这种教学模式主要适用于职业教育,其分班和分层教学的依据是学生未来的就业方向。具体做法包括,首先,在入学时对学生进行调查,评估他们的知识和能力水平,以及了解他们对就业和升学的决策做出何种选择。同时也要重视学生家长的想法,并向他们及时报告学生的学习情况,以确定学生适合的学习层次。其次,根据学生的学业水平和发展方向,将其分为升学班和就业班这两个层次。尽管这两个班使用的教材和进度表相同,但是它们的教学目标和知识难度却存在差异。升学班专注于培养学生的"应试能力",而就业班则注重将文化知识与职业实践相结合。最后,当二年级的学生通过水平测试后,学校会提供第二次选择的机会。学生可以选择升学班,加强学习文化课和主要专业课程;或者选择就业班,以专注于职业技能训练。通过这两种方式,学校为学生提供了两种不同的路径,以满足他们不同的职业目标和需求。

5. 课堂教学的"分层互动"模式

"分层互动"的教学模式是在课堂教学中采取的一种战略。教师通过调查和测试每个学生的知识水平、特长爱好、学习状况等因素,然后根据学生的心理特点,将其分成不同的学习小组,实现一种隐性式的分层教学。通过小组合作学习和成员之间相互协助、相互学习的方法,可以充分发挥师生之间和学生之间的相互激励和互动作用。这种方法为全体学生提供了发展的机会,它利用学生间的个体特点和协作意愿来形成集体动力,促进整体协调发展。教师将以学生的个人差异、体能、技能水平、兴趣爱好和他们的意见为基础，制订分层策略。

分层管理一般采用弹性机制，这意味着分层并非固定不变的，每学期或每年度需要根据学生的学习表现进行调整。

四、合作教学模式

（一）体育合作教学的含义

合作教学是一种新兴的教学理念，起源于20世纪初，并于20世纪中叶在美国兴起。社会学家、哲学家、教育学家和心理学家等跨学科研究者从多个角度探讨了学生学习活动中各因素对学习的影响，并提出了在教学过程中实行合作教学的理论。合作教学是一种把小组合作作为主要手段，运用互动教学方法，促进学生之间相互交流和合作，从而提升学习效果的教学方式。合作教学的衡量标准是团队成果，目的是共同达成教育目标。

具体而言，合作教学必须具备三个基本特征。首先，它必须以小组合作为核心形式，只有这样才能建立一种密切联系的学习模式。其次，学生需要通过团队互动、讨论教学内容等方式，提升他们的推理能力、团队合作意识，以及解决问题和有效沟通的能力。最后，这种教学方法以整个小组或团队的表现为评价依据，能够促进团队成员之间的合作意识。

（二）高校体育教学中合作学习的意义

1. 体现学生的主体性

在传统的高校体育教学模式中，教师是主导，而学生只是被动地接受教育。而采用合作教学的教学模式则打破了这种单向的教学形式，使学生与教师之间形成了良好互动，更加强调了学生主动学习的特点。通过合作教学，学生可以在自主学习的同时，与同伴相互协作、交流和互动。通过采用体育合作教学模式，学生能够培养团队协作精神，增进彼此间的信任与理解，充分发挥自己的思维能力，体验以学生为主导的教育方式。

2. 促进学生身心的全面发展

运动可以促进学生的身心健康发展,但只有学生具备合作学习的能力,才能充分发挥这种作用。通过小组合作,合作教学模式不仅加强了学生之间的交流,还有助于促进情感、认知和身体等方面的全面发展。在这种教学模式下,学生的个体差异在集体之中会显现出来,通过共同探索、学习和讨论,每个学生的社会认知也得到了提升。此外,良好的身体素质和人际交往能力有助于学生缓解体育学习压力,增加学习兴趣,保持良好的心理状态。

3. 培养学生团队精神,调动学习主动性

高校采用合作教学模式不仅能够培养学生的团队合作精神,还能培养学生的自主学习能力。该教学模式下,小组成员通过相互协作,共同完成任务,因此小组内的协作意识很容易得到加强,同时减少了个人之间的竞争。评估方式通常以小组整体成绩为标准,这进一步促进了团队协作的精神。然而,这种合作方式也有可能激发小组之间的竞争意识。学生通过团队协作和与其他小组的竞争,激发他们的积极学习意识,避免因个人原因而影响整个小组进度的情况发生,同时也培养了他们的团队合作精神。在体育比赛中,团队中每个成员的相互配合和合作尤其重要。

(三)高校体育合作教学模式的基本流程

1. 合作教学分组

体育合作学习的教学分组主要以组间同质及组内异质进行,组间同质是指各组组间的学生水平基本一致、保持均衡;组内异质是指各组组内成员各方面之间都有一定的差异,主要包括学生性别差异、学生学习成绩差异、学生特长差异、学生体育技能水平差异等方面。同时,体育合作教学的分组还必须考虑学生的兴趣以及意愿。

2. 安排教师任务

教师课前要充分了解学生水平,并根据具体教学内容设计相应的教学方法及教学任务,在体育教学过程中进行主导性讲解并对学生进行合作教学指导。

3. 安排学生任务

在体育教学过程中学生应根据教师布置的教学任务及要求，以合作教学小组为基本单位，充分发挥主观能动性，采用多种途径，通过集体合作来完成。

4. 开展准备工作

为了提高学生的讲解、组织、示范等方面的能力，教师应可以安排学生以体育合作教学小组为单位做准备活动。

5. 进行集体讲授

教师应根据教学内容合理安排集体讲授和分组合作教学的时间，确保讲解过程突出重点、简单明了，并注重效率。

6. 开展合作教学小组课堂活动

在进行合作教学之前，教师需要明确以下几点：

①小组的所有成员都完成了教学任务后才算完成了完整的教学任务。

②为了确保所有成员都能成功完成教学任务，合作教学小组的成员需要互相监督、检查彼此的工作进展情况。

③当教师引导学生进行合作教学时，需要密切关注学生的互动和表现，并作出详尽记录，以便及时提供指导。

7. 测试与反馈

为了评估学生的自主学习能力，教师可以安排他们进行独立性测试或进行合作教学小组之间的竞赛。教师可以借助测试和竞赛的结果，对学生表现进行评估，帮助他们发现自己的不足，并找到改进和提高的方向。

8. 布置课后任务

根据教学目标和教学要求合理布置课后复习，预习任务及作业。

（四）高校体育合作教学模式的构建路径

1. 转变教学思想，培养合作意识

随着时代的变化，高校需改变传统的体育教学模式，注重学生整体素质的培养，并深刻认识到加强合作学习对学生成长的重要意义。教学思想是教学实践的基础，而合作教学的理念则是利用小组学习中的相互促进和有意义的交流，推动学生自主学习，强调学生在学习过程中具有重要的地位。通过引入小组合作学习方式，可以打破传统的以教师为中心的教学模式，使学生成为教学的中心。这一方法极大地促进了师生之间、学生之间的互动，形成一种动态的学习模式，从而加强了彼此之间的学习交流。

2. 创新学习过程，进行合理分组

在运用高校体育教学模式进行课堂教学时，教师需要创造性地设计学生合作学习的过程，关键在于考虑何种方式能够让学生有效地进行合作学习。第一，制订教学方案时，应以教材内容为基础，明确达到教材所规定的某一阶段的教学目标，只有确立准确的目标，教学才能顺利进行。第二，可以针对学生的个性特点，如兴趣、身体条件、体育才能等，进行分组并设定小组目标。设定的目标应当切实可行，确保每位学生都能发挥重要作用。

3. 完善教学评价，激励学习主动性

教师需要制订明确的评价标准来判断实施高校体育合作教学模式的效果及其是否达成了教学目标。采用恰当的教学评价标准，能够促进学生主动学习，还能为教师提供明确的教学指导。要对合作教学的表现进行评价，必须考虑多种因素，包括教师的评价、小组自我评价以及其他小组的评价等。综合考虑整个小组的表现是构建完善评价体系的关键所在。除此之外，教学评价应当是科学和全面的，不应该极端地否定或完全认同，而是应该在平等的评价原则上，激励每位学生主动学习。在重视个人在小组中的重要作用的基础上，承认每个成员的进步，并且能够根据学生的不同基础水平进行差异化评价。

（五）体育合作教学模式应注意的问题

1. 体育教学方法的运用

教学方法的多样化是在不改变课程内容的基础上，提升教学效果，使所有水平的学生都能够在最短时间内提高学习效果。无论是传统的还是新型的教学方式，都是通过有效的教学方法去实现的。在合作教学中，体育教师通常会使用一些创新而有效的教学方法，如探究式、讨论式、自主式、启发式、案例式教学等，并且这些方法已经被证明能够显著提升学生对运动技能的理解和掌握效率。

（1）满足学生心理需要

大学生充满朝气、思维活跃，他们对理解世界和感知社会充满热情，总是渴望接受新事物并迎接挑战。他们认为传统的体育教学方法过于沉闷，让他们对学习体育的热情受到了影响。此外，经过实践检验，传统的教学方法在教学效果方面并不理想，学习效率相对较低，也无法确保班级中每个学生都能以相同的速度掌握动作技术，同时学生的创造性思维潜能也未能得到充分挖掘。

（2）革新的需要

高等教育教学改革的关键之一是对高校体育课程的教学进行改革，并且教学方法的改进也至关重要。创造新的积极因素并消除旧有的消极因素是解决问题的关键步骤。当前，许多高校致力于探索一套科学合理、可行有效的教学方法。使用合作学习教学模式，并配合新型教学方法实施，不仅突显了该模式的时代先进性，还满足了高校体育教学改革的基本要求。

（3）提高教学效率的需要

通过运用现代化的教学技术开展合作教学，不仅能够激发学生的学习热情，还有助于大家相互促进、共同进步。通过与教师进行沟通交流，学生不仅能够增强解决疑难问题的能力，还可以培养自主解决问题的技能，这些技能将会在今后的体育活动中发挥重要作用，为其打下坚实的基础。另外，针对教学目标而组建的小组，可以运用创新的教学法来建立信任机制，使学生在脱离教师指导后自行练习、互相借鉴并相互信任。学生可以根据自己对问题的理解，制订适合自己的学习方案，以此有效地提升学习效率。

2. 考核成绩的评定

在合作教学模式中，教学评价方式与传统的体育教学评价方式截然不同。在传统的体育教学中，评价通常使用跟踪式评价方法。这种评价方法注重提高课堂教学效果，主要针对学生对动作技能的掌握水平进行评价，并强调个体之间的竞争。而合作式教学评价将个人之间的竞争变为小组之间的合作，相应的计分方式也转变为小组评分，小组综合成绩则成为评价的标准。这种转变意味着整个评价焦点从鼓励个人竞争转向鼓励全体合作，形成了"内部成员合作，外部成员竞争"的新形势。这种评价方式以小组成绩为基础，学生能获得优异成绩并不只取决于个人的表现，还受到小组整体表现的影响。通过合作式教学评估，小组成员可以意识到团队是一个相互学习的集体，个人的成功需要借助整个团队的努力，而成员之间的合作参与则是实现合作式学习的基础条件。这样的评价有助于激发小组成员的协作精神与竞争意识，促进彼此相互帮助，实现教学评价目标——让每个人都持续进步，而不一定非要每个人都取得顶尖的成绩。这不仅可以促进学生自主学习的习惯养成，同时还能营造一个健康、舒适、激励学生学习的教学氛围。

五、俱乐部教学模式

当前，我国高等教育为实施素质教育正进行全方位的改革。那种仅靠增加课时与延长教学年限来实现高校体育目标任务的传统做法不再可行，仅以体育课为中心支撑高校体育已难以适应新形势的发展需要。因此，将俱乐部教学模式，尤其是俱乐部制体育课内外一体化教学模式，应用于高校体育教学是非常必要的。高校体育教育只有通过改革，才能求得更好的发展。

（一）体育俱乐部教学模式的概念

体育俱乐部教学模式的概念是教育领域中的一种具有教学模式能够客观地反映事物的实质。体育俱乐部教学模式在高校中，主要是一种在体育教师引导和教育下，促进学生自主组织体育团体、活动的形成。高校体育俱乐部是一种体育文化现象，通常开展特定的体育项目活动，并在大学体育活动中扮演着重要角色。同时，它也是一种社团性质的组织模式。

体育俱乐部教学模式以"终身体育"为指导思想，打破传统的教学模式，学生自主选择项目、教师、时间组合为新的教学班级，以俱乐部的组织形式进行体育课教学，以满足不同层级、不同水平、不同兴趣爱好的学生的多种体育需求。

（二）体育俱乐部教学模式的具体分类

我国目前的高校体育俱乐部可分为三类，一是课内俱乐部，也称体育教学俱乐部；二是课外俱乐部；三是课内外一体化俱乐部。体育教学俱乐部的独特之处在于，学生可以根据自己的兴趣自由选择参与的项目。这些项目由学校教师、学生社团或体育爱好者自发组织并开展。课外运动俱乐部一般以非正式的形式存在，提供多样化的体育活动，使得传统的业余运动变得更加有组织、有规划。其管理模式简单高效，使得俱乐部能够实现自我管理、自我发展并不断提高。课内外一体化体育俱乐部将课内和课外有机地结合在一起，充分考虑了学生个体差异性。

体育教学俱乐部以学生的主动性、活动内容的丰富性、学生参与的积极性、组织形式的多样性为特征，有利于学生的发展和培养、提高了学生终身体育观念和体育协作精神。与传统的高校体育教学相比，体育教学俱乐部是学生凭兴趣和爱好选择自己的体育专项，由被动接受转变为主动学习，个人的体育才能拥有了施展的空间。在课内体育教学俱乐部中，教师的主导作用，学生的主体作用不变，教学内容与形式也变得灵活多样；课内外一体化体育俱乐部是课外俱乐部和课内教学俱乐部的结合和统一，这种模式体现了素质教育和终身体育所追求的目标。它突破了现行教学模式的弊端，扬弃分明，发挥了学生的主体作用，它以终身体育为指导思想，突破了传统的体育教育观念，树立"以人为本"的体育课程观，坚持"健康第一""终身体育"的指导思想，体现了现代教育的先进理念和价值观。课内外一体化俱乐部是将课内教学延续到课外教育、课内学习运动技术和技能课外实践通过课内所学去指导，课内外相辅相成，使课堂教学与课外锻炼协调发展的一个完整的体系。

课内教学俱乐部在管理方面是由体育部负责组织，教师参与，以体育课的形式出现，有固定的上课时间，开设的项目是学校师资所允许的各单项项目。如篮球、排球、足球、武术、健美操等，在1～2年级一般为固定的必修课，3～4年级为灵活的选修课，教师仍然是课堂中的组织者，必须到课堂上对学生进行辅导；而课外体育俱乐部则具有较大的灵活性，发挥学生的主动性，由学生自己成立的社团负责组织，上课不分年级和班级，由学生自己的兴趣和爱好来决定上什么课并自由选择时间，在组织以及上课的过程中遇到困难和问题则可以向教师咨询；课内外一体化俱乐部形式是前两种俱乐部形式的结合，扬长避短，有更广阔的发展空间。

1. 课内体育教学俱乐部模式形式及特点

体育教学俱乐部教学是建立在构建体育教学模式基础上的体育教学形式，它将现代教育理论融入体育教学活动，从思想、组织、形式、方法、评价方面进行更新，改变传统的班级授课制，在课内提倡开放性、自主性、自由性、随机性，鼓励学生在课堂上主动学习。教师仅承担设计、辅导、检查、指导等任务，完全改变了传统体育教学模式。学生与教师的角色发生了根本性的变化。课内体育教学俱乐部以丰富的理论思想为指导，对实施素质教育、突出主体地位、转换师生的角色、建立新型的师生关系等都有较好的效果，它具有自主性、灵活性、可选择性等特点。

2. **课外体育教学俱乐部存在形式及特点**

课外体育俱乐部教学模式是一种以学生为中心的教学模式，它强调课内外一体化的教育理念，旨在培养学生的终身体育意识和自我体育能力。这类俱乐部大多以课外体育活动形式出现，由于这种形式具有自愿性、自主性和自我发展性等特点，得到各院校的普遍采用，表现出较强的生命力。此外，课外体育俱乐部通过增加有偿收费的服务，补充运营资金，以满足俱乐部的持续发展需求。

3. **课内外一体化体育教学俱乐部的形式及特点**

课内外一体化代表高校俱乐部发展的新趋势，课内外一体化的体育教学俱乐部是具有代表性的体育俱乐部，建立课内外一体化体育教学俱乐部的多数高校处在经济发达的地区，院校领导思想开放，改革意识强，对高校体育俱乐部有较明确的理解，而且学校体育设施完备，体育经费比较充足，学校体育管理先进，体育教师队伍建设也比较整齐，由于内外部条件具备，体育俱乐部已经进入一个良性循环的轨道。

三类体育俱乐部总的趋势是以课外体育俱乐部为最早的形式，它作为体育课的延伸和补充，以拓展学校体育功能，培养良好的体育习惯和行为为主要目标，同时课外俱乐部也是高校构建体育俱乐部的初始阶段；课内体育俱乐部模式是近几年我国高校体育教学改革的一个热点课题，它以现代的教育思想和教育理论为依托，充分体现人文主义的教育理念，以构建现代大学体育新的学习方式为目标；课内外一体化的体育俱乐部是伴随着素质教育的兴起，从培养人才的整体教育观出发，提出的课内外一体化的体育管理模式，它以终身教育思想为指导，以培养学生适应学习型社会的能力为目标。

（三）俱乐部教学模式的实施价值

第一，有助于增强学生的体育意识。

第二，提升学生的人际交往能力和社会实践能力。

第三，有利于培养学生良好的个性心理。

第四，保持体育教学和课余体育锻炼的连贯性，为培养学生的终身体育观打下基础。

第三节　高校体育教学模式的应用

一、"快乐体育"教学模式的应用

下面分别以高校武术、田径、篮球为例，简单阐述快乐体育教学模式在高校体育教学中的运用。

（一）"快乐体育"教学模式在高校武术教学中的应用

教师在高校武术教学准备环节中合理使用快乐体育法，可以通过一些简单的小游戏，调动学生体育运动的积极性，引导学生积极投入体育运动中。在武术教学中运用快乐法，教师可以有效地了解学生的情况，进一步明确学生之间的个体差异性，更好地开展针对性教学，在轻松愉快的氛围中渗透教学难点与重点，促使体育教学质量的提升。

例如，在初级剑术基本技术动作教学中，由于这部分学习对学生动作的标准性有着非常高的要求，基于此，教师在基础知识教学中可以使用"照镜子"的游戏方式，引导学生两人一组，面对面站好，之后教师示范动作，并引导学生模仿基础动作。在学生模仿动作的过程中，教师不仅要告知学生动作的关键和要领，还要让学生认真观察对面同学的动作要领是否存在错误。倘若对方存在错误要及时纠正，帮助对方认识到自己的不足。这种方式较教师直接指出学生错误，更加易于学生接受。在学生学习完基本动作后,教师需引导学生将动作连贯起来,同时让他们以小组为单位用15分钟的时间进行练习。在具体的练习过程中,学生要相互指出错误,帮助同学改正错误,之后再以小组为单位进行动作技能比拼。在展示过程中,没有参与比拼的小组需仔细观察比拼小组,并对他们做得不到位或是不标准的动作做好记录,之后由教师统计结果,进而分出胜负。

(二)"快乐体育"模式在高校田径教学中的应用

田径教学内容较为枯燥,教师在教学中应该增加多样性的游戏,通过学生喜闻乐见的游戏形式,激发其训练的积极性。基于此,教师在田径运动中可以选择丰富多彩的游戏。传统田径教育单一、枯燥、机械的训练在很大程度上打击了学生训练的积极性,还影响了学生的训练效果。受多种因素的影响,当前很大一部分高校体育课程安排较少,甚至体育器材还有待进一步完善。教师想要激发学生对田径训练的兴趣,就要根据学生特点,设置快乐游戏教学课程。在选择游戏教学内容时,既要考虑游戏的丰富性,又要考虑田径教学的内容,有针对性地设计游戏教学模式,最大限度地发挥游戏教学法在体育教学中的作用,让学生的学习兴趣得以激发,从而促进学生田径技能训练水平的提升。另外,教师还要注意游戏教学安排的合理性,而且在具体的安排过程中一定要注意游戏的时间、顺序。在通常情况下,教师需要在实际训练前安排游戏,在激发学生兴趣的同时,还可以用游戏达到热身的学习效果,促使学生更好地进入训练准备阶段,进一步避免他们在训练过程中因为没有热身或是剧烈运动出现损伤的情况。为让学生缓解疲劳、放松身心,教师在学生完成课程或是结束训练后,可以适当安排游戏。但一定要注意不能过量安排游戏,否则会导致田径训练效果大打折扣。

(三)快乐体育法在高校篮球运动中的运用

"好之者不如乐之者",兴趣是参与的动机。作为一项双向、多边的复杂活动,传统高校体育活动主要是以教师讲解为主,学生训练为辅,久而久之,学生就会出现学习动力不足的情况,甚至产生厌烦心理,导致课堂教学效率大打折扣。为此,在高校体育教学中,教师可以通过竞赛、音乐等方式,为课堂教学注入新的活力，从而最大限度地激发学生的学习兴趣。例如，在篮球投篮教学进行准备活动前，教师可以通过体育舞蹈套路动作的方式引导学生热身，之后教师示范标准的投篮动作，激发学生的练习兴趣。由于部分女生的篮球技能较差，她们容易对这项运动望而生畏，因此教师可以采用"三对三"模式，让女生选择技能水平较高的学生进行参照训练。这种方式可以激发学生的运动兴趣，使学生在游戏中看到自己的进步，形成团结、友爱的课堂氛围，提高学生体育学习的热情，使他们更好地投入体育课堂教学中。

二、分层教学模式实践应用

（一）制订分层教学目标

在制订分层教学目标时，应该考虑到总体目标的制订，教师应根据同一个班级学生体质的差异以及运动能力的高低，来设计相应的教学内容、教学方法、教学要求等，制订具体的教学目标。

分层教学能顺利进行与开展的关键在于课堂授课中对练习的设计。因此，在体育教学中教师要结合教材的内容和各层次学生实际情况出发，设计出不同层次的教学目标，教学方法和教学内容。根据因人而异、因材施教的原则，可将教学目标划分为三个层次：高级层——对大纲教学内容有所提高，进一步拓宽视野，对运动技术内涵的加深与理解，努力提高运动技术水平，能深刻理解运动技术，动作标准、正确、连贯、协调，促使不断提高身体素质，培养其能力。中级层——掌握教学大纲的所要求的基本内容，掌握基本理论知识。初级层——初步掌握所学的运动技术，能理解动作要领。

除此之外，进行分组练习时要注意女生身体素质可能与男生不同，所要求的运动难度与运动量都应根据其身体素质进行适当调整，同时体育教师讲授课之后，应该主动到练习场地进行巡视，纠正与帮助学生改正错误的技术动作。这样，各层次之间都有相应的教学内容和方法，各层次的学生都能从中学到知识，能够充分调动学生积极性与主观能动性，使学生感受到体育带给他们的快乐。

教学方法是指教师组织课堂教学活动的方法。教学目标的实现需要依靠一定的教学方法。在分层次教学中,教师需要针对学生不同的身体差异、个性特征及认知的程度不同,运用不同的教学方法,合理制订出科学合理的教学目标,以此来进行教学。体育分层次方法的运用具体如下。

第一,体育教师要深入进行教学研究,认真进行"三备",即备教材、备内容、备学生。针对不同的学生,确定不同的教学内容,采用灵活多变的、行之有效的教学方式。

第二,体育教师在教学中运用教学手段。由于学生对运动技术的理解存在着一定的差异性,因此在传授运动技术过程时,教师要事先了解各层次学生掌握运动技术水平的情况,并针对该情况采用不同的教学方法、内容和手段。

第三,体育教师要激发学生的竞争意识及团队合作精神。在体育分层教学过程中,教师应考虑各层次之间的学生生理、心理、思想意识等因素,通过教学比赛等手段培养学生的意志品质,激发学生的竞争、团结意识,培养其拼搏进取的精神,提高其对教学环境的适应能力和自我心理控制的能力。

第四,要对学生进行学习方法的指导与帮助。先天身体素质、运动能力基础差的学生,应以模仿为主,主要模仿体育教师与基础好的学生的技术动作,通过模仿、教师指导以及课后咨询基础好的学生来实现自己的学习目标。而学习基础好的学生要向教师了解更深层次的知识、了解难度较大的运动技术,课后他们自己通过查询相关影像与资料,自主学习并创新知识,进行纵向与横向的联系分析,形成网络知识结构,从而在深度与广度上进行拓展。

第五,要及时处理教学信息的反馈。在体育教学中,教师通过课堂询问以及平时对学生的理论知识与运动技术的测验,了解学生近期的学习状况,并根据这些情况及时调整教学内容,有针对性地进行教学,特别要对基础差的同学进行知识的缺陷补漏与矫正技术动作,以确保大部分学生都能跟上教学进度。

(二)分层教学模式的运作程序

分层教学模式的运作程序是指教学活动在时间上展开的逻辑步骤以及每个步骤的主要实施方法。任何教学模式都具有一套独特的操作程序和步骤。例如,杜威实用主义教学模式的程序是:情境—问题—假设—解决—验证。在教学过程中,既有教材内容的展开顺序、教学方法交替运用的顺序,又有内在复杂的心理活动顺序。因此,人们通常从不同角度提出教学活动的基本阶段和逻辑顺序。

(三)分层教学模式的评价

分层教学评价与常规的教学评价有所不同,为了使所有学生都能达到既定的教学目标,在教学评价时要考虑到各层次学生的学习情况。为了鼓励学生在平时课堂上的积极参与与练习,不应以期末的理论考核与技术动作评定为最终考核结果,而应结合平时考核与期末最终考核来评定每个学生的成绩,同时与各层次学生在不同程度上的进步与提高相结合的原则为标准。

为此,教师应采用新的考核标准,力求体现出分层次教学的特色,并对各层学生的考核标准给予不同的要求来评定,做到有针对性的、合理的评价不同层次学生的学习与进步。这样,各层次的学生都能切身体会到经过自己的努力而取得的成绩,同时也能感受到体育所带来的乐趣与成功的喜悦,使学生认识到体育锻炼对健康体魄的重要性。加强体育锻炼可以促进学生在身心健康、自信心、意志力以及人际交往等方面的提高。

对分层教学模式的评价,应注意以下几个方面。

第一,评价的基本原则。

①教育评价目的性原则。

②教育评价客观性原则。

③教育评价的全面性原则。

④教育评价的诊断性原则。

⑤教育评价的连续性原则。

⑥教育评价的法治性原则。

第二,评价的目标因素。

①知识目标因素,知识目标因素应包括知识和理解两个方面的内容,知识的评价目标是指在所学内容的范围内,正确地记忆、掌握和再认的能力。

②技能目标因素,它是由智力技能和运动技能构成的。

③能力目标因素,能力通常包括注意能力、记忆能力、观察能力、想象能力、

特殊能力，思考能力、判断能力、评价能力、鉴赏能力和表现能力。

④情谊目标因素，情谊是指兴趣、爱好、习惯、态度等内容。

对分层次教学的评价，一方面，要注重对学生的全面评价，引导学生健康全面发展。评价应从认知和非认知两个方面着手。认知方面包括基础知识的掌握，理解和应用；非认知方面的评价内容包括学习方法、学习习惯、学习兴趣、学习动机、创造能力探究能力、学习信心、问题意识、上课时的心情、关心他人程度、课堂参与程度、学习负担等。另一方面，要重视过程评价，这也是现代教育评价的一个重要特点。在评价学生时，不仅要关注结果，更要注重学生成长与发展的过程。应有机地将终结性评价与形成性评价结合起来，给予多次评价机会，促进学生的转变与发展。过程评价包括日常检查、定期检查、总结检查。

第三，评价的方法。

①将评价贯穿于日常的教育教学行为中，实现评价的日常化、通俗化。评价方式可包括教师对学生的评价、学生对学生的评价、自我评价。

②转变评价观念，体现育人为主的教育理念。建立发展性课程评价体系，淡化评价的选拔功能，强调发展与激励的功能；淡化对结果的评价，关注对过程的评价；改变评价内容过于注重学业成绩的倾向，重视综合素质、全面发展的评价；改变单一的评价方式，体现评价方式的多元化。

三、自主—合作教学模式应用

（一）适用范围与教学原则

1. 适用范围

自主—合作体育教学模式要求学生具有较强的自我控制和自我管理的能力。根据体育教学要适应学生身心发展规律，教师应利用自身教学的有利条件，在高校公共体育课和中学体育课教学中进行实践，确定了自主—合作体育教学模式最适合的范围是大学阶段的体育课。

2. 教学原则

教学原则是保证教学效果的基本要求，运用自主—合作体育教学模式除应遵循一般的体育教学原则外，还应遵循以下原则。

①自主性原则。教师应尽量提高学生学习的自主性。

②情感性原则。自主—合作体育教学模式更应重视情感教学，教师富有人情味的教学可以促使学生更自觉地趋向学习目标。

③问题性原则。教师必须带着问题走近学生，问题设计要针对学生的实际，要科学地运用教育学、心理学的理论分析课堂教学的组成因素。

④开放性原则。主要包括三个方面，一是课堂教学形式要具有开放性；二是课堂问题设计要具有开放性；三是由点到面地解决学习问题。

（二）应用策略

1. 提升教师整体素质

教师要引进先进的教学理念，必须不断地更新自己的知识结构和教学观念。对于思想保守、知识陈旧的少数教师来说，他们较难主动地接受新的理念和思想，很少将新的教育理念应用到实际的体育教学中。对于思想陈旧、比较传统的体育教师来说，他们往往不能及时地将先进的教学内容和知识点传授给学生，使得学生进步的速度较慢。而那些勇于探索、努力学习、不断进步的体育教师，更容易在教学过程中有意识地通过合作学习来培养学生和塑造学生品格，让学生学会互帮互助，形成合作和竞争意识。因此，无论教学理论如何先进、方法如何卓越，没有优秀的体育师资团队，这些好的教学理论就只停留在书本上，很难得到实践。

2. 体育教师应灵活施教

在日常的体育教学活动中，体育教师需要灵活地运用知识和技能。教学是一个动态灵活的过程，随时会出现很多不可控的因素，任何教育思想或者教育理论都不可能完全地解决在实际课堂上出现的问题。因此，体育教师要注意创新，学习他人的长处和优势，以弥补自己的短处和不足。

3. 以学生为主体进行因材施教

在体育教学过程中，教师应开展合作学习，注重培养学生的合作能力和技能，在帮助学生理解和掌握合作技能的同时，还要给学生创造合作的机会，为学生提供合作社交的平台。此外，在体育教学过程中，教师还要合理运用竞争机制，因为在任何的学习过程中,合作与竞争都是相互存在的,合作能够促进竞争,竞争也有利于学生更好地合作。因此,一定要正确地看待两者的关系,促使学生素质得到全面提升。

第四节 高校体育教学模式的发展趋势

一、目标趋向情意化

社会的变革、科技的进步对人类的生活和身体产生了深远影响,如心理素质、身体素质、社会适应能力等。在实施素质教育的进程中,高校要以培养学生的创新意识和体育能力为重点,通过改革教师的教育理念、教学方法、教学内容和教学评价等方面来贯彻新的体育教学思想。现代教学理论研究和教学实践活动都已表明,学生的智力因素与非智力因素在他们的学习活动中都起着重要的作用。现代教学模式改变了传统的教学活动中片面强调智力因素的做法,转而注重培养学生的自立性、情感性和独创性,使教学过程具有复杂、新奇、有趣等特征。学生在浓厚的兴趣、强烈的动机、顽强的意志状态下学习和掌握体育知识技能,更能激发其求知的内驱力,具有丰富的情意色彩。

二、发展理念趋于突出学生"主体性"

中共中央、国务院作出的《关于深化教育改革全面推进素质教育的决定》中明确指出:"健康体魄是青少年为祖国和人民服务的基本前提,是中华民族旺盛生命力的体现。学校教育要树立健康第一的指导思想。"[1] 突出了"健康第一"的理念,强调全面促进学生的身心健康发展。体育课程目标实现了由单一的生物体育观到多维体育观的转变。现代高校体育教学模式注重现代教学方法与手段的综合运用,根据学生身心发展的规律及不同学生的特点,采用不同的体育教学方法,做到因材施教。现代高校体育教学模式的发展趋势是重视学生的参与性,即学生的主体

---

[1] 中共中央、国务院《关于深化教育改革全面推进素质教育的决定》[J].决策咨询通讯,1999(3):6-11.

性，培养学生参与体育活动的兴趣和热情，理解体育的内涵，使体育朝着"快乐化、生活化、终身化"的方向发展，强调学生在参与运动过程中达到自身满足的目的，强调学生的身体、心理和社会等方面素质得到提高的目的，这是当代体育教学模式的时代特色。

三、形式趋向综合化

教学模式的形式趋向综合化是指体育教学模式向课内课外一体化发展。学生课内的主要任务是学习一些新的知识点，改进一些错误动作。因此，学生要充分利用课外的时间进行强化练习和过渡练习，复习与巩固已学的知识与技术，并保持经常锻炼。只有这样，学生才能把运动技能逐步熟练化、自动化。目前，虽然体育课是受重视的，但课外体育活动却往往被忽视。

从教学模式的角度来看，师生对课外体育活动的不重视，导致对这方面教学模式的研究也显得有些薄弱。课外体育活动在教学实践中还很不成熟，具体的操作模式也不够明确，因此还没有把它列入现有体育教学模式的体系中。

四、多种教学模式并存发展

"三基型"体育课程教学模式是一种传统的体育课程教学模式，在我国长期处于重要地位。尤其在20世纪80年代初期，大多数高校的体育课程都是以这种模式为主；直到20世纪90年代后期，随着我国高校体育课程教学模式改革研究逐步深入，才出现了众多不同的体育课程教学模式。体育课程内容发展的多样性使教师组织体育课程内容时打破了以往单一、固定的传统模式。高校体育课程的发展目标多样化势必会导致多种体育教学模式并存的发展趋势，如"三段型"体育教学模式、"俱乐部型"体育教学模式、"分层次型"体育教学模式等。每一种教学模式都有其特定的教学情境，这就要求教师对已有的体育教学模式进行整合，将各种教学方法和手段按照教学目标要求进行优化组合、综合运用，倡导科学的理论，从而形成比较稳定的教学模式。

五、教学方法更加灵活

在传统体育教学模式中,教师是课程的执行者,学生只能被动地接受教师的教导;而在新的体育教学模式中,教师是决策者和建设者,是学生学习的促进者和合作者。教师要尊重学生的自主选择,指导学生自定目标、进行自我评价,并逐渐培养学生的创造性思维和相应的体育能力。

六、评价体系更加注重"三维"综合评价

"三维"综合评价是指在评价体育教学效果时,不仅要从生物学角度评价其提高生理机能的效果,还要从心理和社会的角度评价体育教学的效益。评价方式由单纯的定性或定量方法转变为把定性和定量评价综合起来,在重视他人评价的同时,也重视自我评价;评价的内容也由单纯的对学生的评价转变为既评价学生的学,也评价教师的教。改革评价体系可以使学生乐于接受评价,并积极参与评价,从而使教学取得更好的效果。

传统的教学模式过分强调终结评价,忽略了学生学习和练习过程中的评价,导致学生的学习兴趣、爱好、情感反应都得不到反馈和体现。因此,现代体育教学模式逐渐地摆脱了单一的终结评价方法,转而注重学生的学习过程评价、自我评价、单元评价等。

七、研究更加精细化

理论研究的目的是指导实践活动,并总结实践经验。目前,大多数理论研究仅停留在理论层面,导致资源和努力的极大浪费。理论研究与实践研究的结合是提高效率的关键,一方面,教学模式的研究与任何理论的研究趋势一样,必将从一般教学模式研究走向学科教学模式研究;另一方面,课堂教学模式的研究又趋向精细化,这是教学模式研究的必然趋势。

第四章 高校体育训练理论及发展

本章为高校体育训练理论及发展，主要围绕三个方面进行阐释，分别为高校体育训练的理论、高校体育训练的原理与方法以及高校体育训练的现状与问题研究。

第一节 高校体育训练的理论

一、训练适应理论

从生理学的角度看，在参加运动训练时，肌体必须经过一定的阶段才能适应训练内容及过程，这就是运动训练的训练适应理论。

（一）刺激阶段

在运动训练初期，训练者肌体需要接受来自各方面的刺激，从而为之后的应答打下基础，这就是刺激阶段。

（二）应答反应阶段

在运动负荷的刺激下，训练者的肌体内部各器官和运动系统产生兴奋感，并将兴奋感传输到肌体各个器官中，最后使整个肌体进入运动状态，以实现肌体对外界运动负荷的生物应答反应。

（三）暂时适应阶段

在运动训练过程中，训练者的肌体器官和系统持续接受刺激，并持续对这种刺激做出一定的反应，经过一段时间后，肌体就会进入一个良好的工作状态，并在运动过程中各项生理指标趋于稳定。随着训练活动的持续进行，当肌体的应答指标不再上升也能承受外部刺激时，表明肌体已经适应了当前的运动刺激。

（四）长久适应阶段

在长久适应阶段，各机能系统和组织器官在各种外部运动刺激下发生较为明显的身体结构和机能的适应。主要表现为肌体运动器官功能和身体机能的完善与协调。

（五）适应衰竭阶段

当训练者对自己的运动安排不科学、不合理时，其肌体某些机能会在运动中出现一定的衰竭情况。例如，为了快速达到训练效果而不合理地加大运动量，使肌体承受过度训练。

二、运动技能建立理论

运动技能又称动作技能，主要指人体所具备的可以掌握、运用以及完成专门动作的能力，人体掌握和运用专门技术的能力，人体按一定的技术要求完成动作的能力，人体掌握足够好的运动能力。

运动生理学认为，运动技能是运动反射的重要形式之一，它是根据条件反射的机制而形成的。在形成运动技能时，肌体产生和巩固条件反射体系。生理学家巴甫洛夫（Pavlov）把这些条件反射体系称为"动力定型"[①]。动力定型是形成运动技能的重要基础。在运动训练中，科学的示范和演示动作能正确地引导运动员顺利形成运动技能。

在运动训练中，运动员建立的运动技能之间存在着相互促进和相互影响的关系。例如，竞走技能是在普通行走的技能基础上形成的，跨栏技能是在短跑技能基础上形成的。在建立运动技能的过程中，动作的多次重复使形成这些动作的条件反射可以在大脑皮层的优势兴奋区以外（即大脑皮层的降低兴奋区域内）进行。

---

① 李爱国. 田径运动教学研究[M]. 武汉：武汉大学出版社，2017.

这意味着在运动中，与肌体的已有条件反射有联系的动作可以在无意识的情况下自动执行，即实现了动作自动化。

动作的自动化在体育训练中具有非常重要的意义，具体表现在以下几个方面。

①节省体力。在田径运动中，动作自动化形成以后，运动员的肌体可以在无意识的情况下完成动作，从而减少中枢神经系统的消耗。

②动作稳定。在田径运动中，动作自动化形成后，即使有外界刺激物的影响，运动员的动作技能也不会遭到破坏。

③提高比赛成绩。在体育运动中，动作自动化形成以后，肌体可以无意识地完成动作，从而解放了训练者的注意力，使其注意力集中到意志力上，得以提高运动成绩。

在体育运动训练中，应充分利用整个肌体的机能，将改进具体技能和全面训练有机结合起来，使训练者的肌体机能得到进一步提高。同时，训练者还需要在体育运动训练的过程中使肌体间建立广泛联系，并使它们达到自动化的程度。这种在训练中结合专项练习和全面训练而逐渐取得的动作自动化，为取得广泛的运动技能及充分发挥整个肌体的潜力创造了条件。当各种技能实现动作自动化时，就可以在专项运动成绩上得到体现。因此，为了顺利进行体育运动训练，必须重视专项练习和全面训练相结合，以实现动作自动化。

需要注意的是，在体育运动训练中并不是所有的全面训练都是有益的。只有当采用的训练手段对训练者的基本运动技能有积极作用时，这种全面训练才能发挥应有的作用，进而有效提高训练者的训练水平和比赛成绩。

三、超量恢复理论

超量恢复原理是体育训练中一个重要的原理。只有科学地利用超量恢复训练原理，人体的训练才能达到显著的效果。反之，如果无视超量恢复，那么训练可能变得低效，很难得到有效的提高。超量恢复可以理解为在两次训练的间歇，人体为了适应上次的训练而发展出超量的能力水平，选择这个时机进行下一次训练，让这种适应得到加强，从而发展体能素质，使人体的机能水平不断提高。

运动训练就是不断提高机体的运动负荷从而达到提高体能的目的。在训练过程中,准确把握超量恢复的时间,选择最适宜的休息间隔以保证既完成训练任务,又能获得良好的训练效果是训练中比较不容易把握的方面。但是有研究发现,在运动时消耗了的能量大部分在3～5分钟内恢复。但是一次最大量的能量消耗的练习,休息3～5分钟时间就太长了,当恢复至原来的1/2时,就可以安排下一次训练。

第二节　高校体育训练的原理与方法

一、体育训练基本原理与原则

(一)训练的原理

1.运动学基础原理

运动学基础主要指的是运动技能的基础。在体育运动中,人体可以掌握、运用以及有效完成专门动作的能力就是运动技能。换句话说,运动技能是大脑在准确的时间和空间内对肌肉的收缩进行精准支配的一种能力。要想提升运动技能,就需要依靠人们对人体机能客观规律的深刻理解和自觉运用。

(1)人体运动系统的构成

①肌肉。肌肉组织主要由肌细胞组成,肌细胞为细长的细胞,故也称肌纤维,是肌肉的基本结构和功能单位。每条肌纤维外面皆由一层薄的结缔组织膜包裹,称为肌内膜。数条肌纤维构成肌束,一个个的肌束表面也由肌束膜包裹。肌束再合成从外表看到的一块块肌肉,外面包以结缔组织膜,称为肌外膜。肌肉中,水分约占3/4,另外1/4为固体物质(如能量物质、蛋白质、酶等)。

在参加运动的过程中,人体的动力主要是由骨骼肌不断地运动来提供的。骨骼肌在神经系统支配下,收缩牵动骨骼,维持人体处于某种姿势或产生局部运动,最终帮助机体完成运动所需的各种动作。人体内脏器官的活动也依赖于平滑肌和心肌的作用。

骨骼肌是指附着于骨骼上的肌肉，在人体内分布广、数量多，是运动系统的主体部分。人体内约有 400 块大小不一的骨骼肌，占体重的 36%～40%。成年男性约占 40%，成年女性约占 35%。[①] 骨骼肌可分为中间庞大的肌腹和两端没有收缩功能的肌腱，肌腱直接附着在骨骼上。骨骼肌收缩时通过肌腱牵动骨骼而产生运动。肌腱由排列紧密的胶原纤维束构成，肌腱内胶原纤维互相交织成辫子状的腱纤维束。肌腱的一端与肌内膜、肌束膜和肌外膜相连接，另一端与骨膜紧密结合。肌腱本身虽无收缩能力，但能承受很大的拉伸载荷，而肌腹的抗张力强度远远不及肌腱。

②骨骼。骨骼是由骨膜、骨质、骨髓及血管、神经所构成的，它以骨质为基础，表面被骨膜包裹，内部充满骨髓。骨是人体运动系统的重要组成部分，对运动员的运动训练起着至关重要的作用。但是骨的功能不仅仅体现在它的运动功能上，还具有支撑身体的功能、保护脏器的功能、造血的功能、运动的杠杆功能、储备微量元素等功能。

③关节。关节是一种间接的联结，也叫作可动关节或滑膜关节，是骨连接的高级分化形式，关节本身有一定程度的活动度。关节连接起全身的骨骼，对整个人体起到支撑和保护的作用，特别是人体的运动更加依赖关节的顺畅。

关节主要由关节面、关节囊和关节腔组成，辅助结构包括韧带、关节盘和关节唇等。根据关节运动轴的多少和关节面的形状，可以将关节分为单轴关节、双轴关节和多轴关节三种形式，也可以根据两骨间结缔组织的不同，将关节分为纤维性关节、软骨关节和滑膜关节。

（2）运动过程中人体机能的变化

①比赛前后身体机能变化的基本过程。在运动训练的过程中，多重刺激源作用于运动员机体，引起各器官系统的机能发生一系列变化。依据机能表现形式，基本上可以分为五大阶段，一是赛前状态，二是进入工作状态，三是稳定状态，四是运动性疲劳，五是运动恢复过程。

第一，赛前状态。在训练之前，机体的身体系统和器官会产生条件反射性机

---

① 刘崇辉，温霜威，史银斌. 高校综合体能训练与体质测试的方法与实践 [M]. 长春：东北师范大学出版社，2015.

能变化，这就是赛前状态。这一阶段可能在运动员比赛之前的数天前出现，也可能在数小时前或者数分钟前出现。

第二，进入工作状态：在训练活动开始后，虽然经过了一定的准备活动适应，但此时的人体还不能即刻达到自身的最高水平，进入工作状态并非立刻提升的过程，而是一个逐渐提高和逐渐适应的过程，进入工作状态的实质就是人体机能的动员。

第三，稳定状态：当逐渐适应比赛的时候，机体就会进入稳定的状态。在一段时间内，运动员人体机能活动会保持较高的变动范围。

第四，运动性疲劳：机体在运动过程中会产生运动能力暂时下降的现象，一般称之为运动性疲劳。该现象是由运动训练负荷引起的一种正常的生理现象。适度的疲劳可以刺激机能水平不断提高，但发展到一定程度时就会出现过度疲劳，可能会造成机体损伤以致损害健康。

第五，运动恢复过程：运动恢复是指人体在运动结束后，各项生理功能恢复、能源物质补充、代谢物排出等一系列变化。机体在运动的时候，体内的代谢功能会增强，主要是为了保证运动时机体所需要的能源补充，能源物质会在运动中或者在运动停止之后保持不断补充和恢复，只不过运动中的能量消耗快且大于补充，运动后的体内能量消耗慢而小于补充。

②一次训练中身体机能变化的基本过程。人在运动的过程中，运动训练负荷作为一种刺激，必然会引起各器官系统机能发生一系列反应和适应性变化。在运动训练前后，这些反应可表现为耐受、疲劳、恢复和消退等不同阶段。

耐受阶段：在运动训练开始阶段，人体的各项机能会在一定的水平上维持一段时间，并不会马上表现出升高或降低，这一阶段称为"耐受阶段"。机体在之前的训练中有所恢复，在这段时间中可以保持较为稳定的工作能力，对于各项训练任务可以高质量、高水平的完成。这一阶段的关键是完成训练的主要任务。

疲劳阶段：机体在经过了一段时间的运动训练之后，会产生疲劳的状况，机体的效率也会下降，同时机体的机能也会有所下滑。在训练安排中，需要合理规划机体达到疲劳的程度。要想在恢复期使机体可以重建结构和机能，需要机体达到一定程度的疲劳，这样才能真正提高运动员的运动能力。

恢复阶段：机体在训练完成之后就进入了恢复阶段，在这个阶段中，机体开始对训练中所消耗的能源物质进行补充，修复运动训练中的损伤，并且对紊乱的机体内环境进行重建。机体在恢复阶段恢复的速率主要受两方面影响：一是身体的耐受阶段持续时间的长短，耐受阶段持续时间越长，疲劳程度越深，恢复需要的时间就越长；二是运动结束后能量的补充是否及时，能量补充越及时到位，恢复的速度越快。

消退阶段：超量恢复不会一直持续，它会随着时间逐渐消失。因此，应该在超量恢复的基础上进行新的刺激叠加，保持已经形成的训练效果。

超量恢复的程度决定了运动效果的消退速度，决定着运动效果的保持，运动效果的保持时间与超量恢复之间存在着正相关的关系。因此，我们在对运动训练的内容进行安排时，应该合理安排训练负荷，并关注运动训练后的恢复问题。此外，还需要在运动员出现超量恢复后对下一次的训练进行及时安排。

（3）运动训练对人体运动系统的影响

经常参加运动训练对人体运动系统有着重要的影响，其影响主要表现在以下几个方面。

①运动训练对肌肉的影响。参加运动训练能够充分地发展骨骼肌，使其肌纤维增粗，肌肉的体积增大，肌肉力量增加。运动能够使肌纤维中线粒体数目增多，还能使肌肉中脂肪减少，肌肉收缩时的内部摩擦也随之减少，此时肌肉组织中的细胞数量和密度会增加，导致肌内膜、肌束膜、肌腱和韧带因细胞增厚、增殖、变得更加粗壮；肌肉内化学成分发生变化，如肌糖原、肌球蛋白、肌动蛋白和水分等含量都会增加，从而使三磷酸腺苷加速分解，与氧气的结合能力增强，有利于肌肉收缩和能量供给；增加肌肉中毛细血管的数量，这对于骨骼肌改善供血功能有着积极的意义。这也是一些经常参与运动训练的人有着较为发达、健壮肌肉的原因，他们有着较强的肌肉收缩力，可以进行长时间的运动。

②运动训练对骨骼的影响。青少年新陈代谢旺盛，在这一时期进行合理的运动训练，对骨骼的生长和发育有着良好的作用。经常参加运动训练，可使骨骼表面的隆起更为显著，骨密质增厚，管状骨增粗。这一系列骨骼形态结构的改变，使骨的抗压、抗弯、抗折断和抗扭转等机械性能得到提高。

骨骼的良好变化与肌肉的牵拉作用有密切关系。肌肉力量的增加与骨量的增加有着显著相关性，并且骨量增加部位与肌肉训练部位有关。当肌肉力量增大，肌肉收缩对骨骼产生的应力刺激可有效提高成骨细胞的活性。

③运动训练对关节的影响。定期适量的运动训练可以使骨关节面的密度增加，骨密质增厚，从而能够承受更大的运动训练负荷。由于运动训练项目不同，对关节柔韧性所起到的作用也就不同。例如，乒乓球、羽毛球、篮球等项目，对于参与者的急转、急停能力的要求极高，需要参与者拥有良好的关节柔韧性。同时，关节的稳固性和灵活性绝对独立，因为经常运动可以使肌肉力量加强，韧带、肌腱、关节囊就会增厚，对关节稳固性和防止关节损伤有很大好处，但这样又势必会影响关节的灵活性。所以，在进行运动训练时，运动者需要妥善平衡关节的稳定性和灵活性。

2. 体育训练的生理学原理

（1）物质代谢

食物中包含多种营养成分，人体从食物中摄取各种营养物质，经循环系统输送到各人体器官，通过相应的代谢为人体提供能量。糖、脂肪和蛋白质等营养物质经人体吸收后，人体的组织、细胞一方面通过合成、代谢构建和更新自身储存的能源物质，另一方面通过分解代谢（氧化分解）以产生能量。物质代谢又主要包括以下几种。

①脂肪代谢。脂肪分解代谢产生的能量是长时间中低强度运动的主要供能物质。脂肪在人体的肌肉组织中储存量较少，这些脂肪可以在运动中转化为一定的能量。

当身体需要消耗更多的能量时，身处血浆中的游离脂肪酸在脂肪的氧化增加的时候，会透过肌细胞膜进入肌细胞，然后被氧化。为了补充运动消耗中的游离脂肪酸，脂肪组织会进行水解，分解为甘油和脂肪酸，然后进入血浆中进行补充。因此，脂肪首先通过酶作用下水解成脂肪酸和甘油来释放能量。

②糖类代谢。食物中的葡萄糖经消化吸收后，进入小肠毛细血管，经门静脉转运到肝脏，再经肝脏进入血液循环，大部分运到各组织合成为糖原和含糖化合物，其中最主要的是到肝中合成肝糖原储存，一部分转变为脂肪和氨基酸，血液

中保留的一部分糖称为"血糖"，另一部分直接供组织氧化利用放出能量，同时产生二氧化碳和水并将其排出体外。糖的氧化分解是供应人体活动所需能量的主要来源，绝大多数细胞通过它来获得能量。糖的氧化分解包括无氧分解和有氧氧化两种主要方式。从本质上来讲，这两种形式是同一过程在两种情况下（缺氧与氧供应充足）的不同反应方式，其反应过程在前一阶段是完全相同的，差别是在丙酮酸产生以后。糖的无氧氧化产生乳酸；氧供应充足时，丙酮酸继续氧化生成二氧化碳和水，同时释放大量能量。

③蛋白质代谢。蛋白质是人体生命活动的重要组成部分，也是人体重要的能源物质之一，与机体运动之间存在紧密的联系。它在调节机体各种生理功能中起着不可替代的作用。一般来说，蛋白质不能直接提供人体运动所需的能量，为人体提供能量只是蛋白质的次要功能。只有在某些特殊情况下，如长期饥饿、疾病或体力极度消耗时，人体才会依靠蛋白质分解供能。蛋白质分解代谢过程中能产生许多物质，对身体供能有着重要的作用。同时，蛋白质的分解代谢和合成代谢平衡是维持人体生命活动的基础。蛋白质主要参与实现人体代谢更新，由于其主要由氨基酸组成。因此，其代谢过程是以氨基酸代谢为基础的。蛋白质的代谢需要很多激素参与调节，如肾上腺素和甲状腺素能促进蛋白质的分解，表现为甲亢时，甲状腺素分泌增加，人体蛋白质分解增加，人逐渐消瘦；当生长激素分泌增加时，人体蛋白质合成增加，肌肉健壮。

（2）能量代谢

①人体物质能量储备。人体通过消化系统摄取必要的能量物质，这些物质在人体中通过生物氧化反应，分解成一些代谢物，同时释放出大量的能量，这些能量通常大部分以热能的形式释放于体外，还有一部分则转化为化学能，储存在一种称之为三磷酸腺苷（ATP）的高能磷酸键中，人体活动的直接能量就来源于三磷酸腺苷的分解，肌肉收缩需要三磷酸腺苷供能，消化管道的消化和吸收都需要三磷酸腺苷供能。三磷酸腺苷的重新合成需要糖、脂肪和蛋白质的氧化分解供能。

三磷酸腺苷的再合成有多种途径，就其供能系统而言，主要有以下三种。

第一，磷酸原系统（ATP-CP系统）。它是由细胞内的三磷酸腺苷和磷酸肌酸两种高能磷化物构成的，具有供能绝对值不大，持续时间很短的特点。但是，磷酸原系统供能快速，因为三磷酸腺苷是体内唯一的直接能源，所以其能量输出功率最高。

第二，有氧氧化系统。它是指在氧供应充分的条件下，糖和脂肪完全分解生成二氧化碳和水，同时释放大量的能量，使二磷酸腺苷（ADP）再合成三磷酸腺苷。有氧氧化系统能生成丰富的三磷酸腺苷，不生成乳酸之类导致疲劳的副产品，它是人进行长时间耐力活动的主要供能系统。

第三，乳酸能系统。乳酸能系统又称为无氧糖酵解系统。它的能量产生是靠肌糖原的无氧酵解，最后产生乳酸，而放出的能量由二磷酸腺苷接受，再合成三磷酸腺苷，它是在机体处于缺氧的情况下的主要能量来源。乳酸能系统对人体进行能量供应，它的作用与磷酸原系统一样，能在暂时缺氧的情况下迅速供能。

在进行不同项目的训练时，运动者应根据自身的年龄、身体条件以及个人需要来选择适合的能量系统作为主导作用的运动项目，同时还要注意选择的运动方式和项目的科学化。运动时除选择有氧氧化系统的项目外，还可以适当选择乳酸能系统供能的项目，发展身体的无氧耐力。

②运动中三大供能系统活动的关系。在人体运动过程中，人体运动形式的不同，则其不同的能量代谢系统提供能量的能力和速率也会不同。磷酸原系统和乳酸能系统都供应能量，但三磷酸腺苷和磷酸肌酸的最终合成以及糖酵解产物乳酸的消除主要通过有氧氧化来实现。因此，肌肉活动所需能量的最终来源是糖和脂肪的有氧氧化。人体中磷酸原系统供能的绝对值不大，在运动中维持的时间也很短，但是能在短时间内快速作用。

总体来说，人体在运动过程中，各供能系统之间的关系与运动训练负荷的强度和持续时间密切相关。在0~180秒最大运动时，各供能代谢系统的基本活动主要表现为如下特点：在1~3秒的全力运动中，基本上由三磷酸腺苷提供能量；在完成10秒以内的全力运动时，磷酸原系统起主要供能作用；在30~90秒最大运动时以糖酵解供能为主；在2~3分钟的运动中，糖有氧氧化提供能量的比例增大；而超过3分钟以上的运动，则基本上是有氧氧化供能。

随着人体运动时间的增加，供能物质由以糖有氧氧化为主逐渐过渡到以脂肪氧化为主。人体在运动中，并不是由一个供能系统完成供能的，在一个主要的供能系统基础上，其他的供能系统也会参与其中，它们共同完成人体运动所需要的能量供应。每个供能系统都有其特点和供能能力，供能系统不同，所需要的能源物质也不同，运动中的输出功率和供能时间也会有明显的差异。

③运动与呼吸。机体与外界环境之间的气体交换称为呼吸。呼吸系统包括呼吸道和肺，而呼吸道是一系列呼吸器官的总称，这些器官包括鼻、咽喉、气管、支气管。人体的呼吸过程由外呼吸、内呼吸和气体运输三个环节构成。

在氧运输系统中，呼吸系统是最为重要的组成部分，它通过与外部环境进行气体交换，维持血液内氧气、二氧化碳和酸碱度等生命必需的因素处于生命活动的正常水平。人体通过肺实现与外界气体的交换，通过血液实现气体的输送和排出。人体在运动时，机体需要消耗大量的氧气，同时排出的二氧化碳也会大大增加，加速机体代谢，呼吸系统也会得到加强。因此，一些运动训练或耐力训练都会使呼吸系统的形态与机能产生适应性变化。

呼吸肌主要是由膈肌与肋间外肌组成。膈肌的收缩会影响腹部的起伏变化，因此以膈肌为主的呼吸方式就是腹式呼吸。而肋间外肌的收缩会影响胸壁的起伏变化，因此以肋间外肌为主的呼吸运动就是胸式呼吸。呼吸形式一般会受多种因素的影响，如年龄、生理状态、运动专项等。一般情况下，成年人的呼吸方式是混合式的。当进行运动训练时，运动员应该根据动作的性质来灵活地改变呼吸方式。

④运动与心率。在运动生理学中，心率是最为普遍和简便易测的生理指标。运动实践中，常常采用心率来衡量运动的强度和运动对身体的影响，同时也用于运动员自我监督或医疗监督。成年人在安静状态下的心率通常在60～100次/分钟之间，平均心率为75次/分钟，但具体数值可能会因个体年龄、性别、身体素质、训练水平以及身体状态等因素而发生较大变动。

一般来说，人的心率会随着年龄的增长而有所减慢，至青春期时接近成年人的频率。在成年人中，女性心率比男性快3～5次/分钟。有良好训练经历或体能较好者心率较慢，尤其是优秀耐力运动员静息时心率常在50次/分钟以下。在运动的过程中，人的心率会逐渐加快，随着运动强度的增加，心率也会相应地加快。因此，心率是判断运动训练负荷的一项简易的指标，能够在一定程度上反映运动员的体能水平以及运动训练的水平。

（二）训练的原则

运动训练的原则是运动员参加运动训练需要遵循的基本准则。这些原则是在长期的运动训练实践中积累起来的具有普遍意义的概念总结和科学研究成果，反映了运动训练的客观规律。运动训练中运动员如不遵循这些基本原则，盲目地进行训练，不仅不能促进身心全面发展、获得良好的训练效果，反而容易引起运动损伤或者运动性疾病，损害健康。下面对运动训练的基本原则进行逐一介绍。

1. 竞技需要原则

竞技需要原则以提升运动员的竞技能力和运动成绩为基础，对训练的阶段划分进行科学的安排，并对训练的内容、方法、手段和负荷等内容进行合理的安排。通过贯彻这一原则，运动员可更好地结合专项特点和竞技比赛需求，增强训练的针对性、实战性和实效性，进而在竞技比赛中取得理想的成绩。

贯彻竞技需要原则，需要注意以下几个方面。

第一，要围绕运动训练的基本目标，全面安排好训练和比赛。

第二，要正确分析专项竞技能力的结构特点。每个运动项目的专项都是不同的，这些专项的不同决定了运动项目的竞技能力构成因素的不同。因此，要想确定运动项目的训练负荷内容，就需要具体分析不同专项竞技的特点和运动员的竞技能力结构特点，并根据这一特点确定训练内容。

第三，从竞技需要原则的要求来看，需要根据各专项竞技能力的要素，并结合运动员的个人条件来确定专项训练的负荷内容与训练方法。

第四，在训练中要注意负荷内容的结构合理性。首先，需要把掌握正确的动作技巧作为基础。其次，将精力集中在提高身体素质方面，从而提高竞技速度、水平与增强耐力。最后，针对同一项目的不同运动员，还需要根据他们的个人竞技能力和对手特点来安排恰当的心理训练内容和方法。

2. 动机激励原则

动机激励原则指的是在以运动员为主体的运动训练过程中，激励其培养良好的运动训练动机和行为，使之在完成训练任务的过程中更加积极主动的训练原则。

在运动训练中,要通过各种合理的途径和方法激励运动员主动从事训练。

动机激励原则就是要不断激励运动员的运动训练积极性和主动性,培养其自我调控能力、独立思考能力以及创造能力。其有如下几个方面的具体要求。

第一,要满足运动员的基本生活需求。实践证明,人们只有在基本的生活需求得到一定的保障之后,才会进行更高层面的追求。所以,在运动训练中,运动员的基本生活需求要得到一定的保障。只有这样,才能更好地引导其形成实现自我价值的更高层次的目标和追求,从而才能产生良好的运动训练动机。

第二,要明确运动训练的目的和培养运动员正确的价值观,使其逐步形成自觉从事运动训练的动机和习惯,引导其从不同的角度和层次认识到参与运动训练的意义和价值,培养其正确的价值观。

第三,在运动训练中,要以运动员为主体。这就要求教练在对运动员进行运动训练时,必须注意以下几个方面:一是明确运动员的主体地位;二是注意有意识地培养运动员独立思考的能力;三是引导运动员提高和加强自我反馈的能力,促进运动员进行自我分析和评价。

第四,在运动训练中,要选择科学的训练方式。对于过去那种简单、粗暴的"从严"训练方式,教练要在正确认识和理解"从严"含义的同时,结合现代科学,选择合理的方式对其进行调整和改变。

3.适宜负荷原则

在训练过程中,要根据训练任务、对象水平与要求,科学合理地在各个训练环节中设置运动训练负荷量,直至达到最大负荷要求,这就是适宜负荷原则。适宜负荷原则要求运动训练以训练任务和对象水平及每个练习的目的、要求、负荷为主要依据来对运动训练负荷进行科学合理的安排。在训练过程中,运动训练负荷要经过加大、适应、再加大、再适应这样一个逐步提高的过程。

在球类运动的训练中,为了运动训练达到最佳效果,教练必须逐步增加运动训练负荷,但在这之前需要考虑运动员的训练任务、身体状况、机能能力和训练水平。由于运动训练的阶段、周期和每个训练课的任务各不相同,因此各个运动员的负荷承受能力和恢复速度也有所不同。因而,为了制订适宜的运动锻炼计划,教练必须考虑训练任务的不同要求和运动员的个体训练水平,以便合理安排训练强度。同时，在运动训练过程中，运动训练负荷的加大必须循序渐进。在加大运动训练负荷过程中要处理好负荷量和负荷强度的关系，掌握好负荷与恢复的关系。除此之外，需要注意的是，运动训练负荷的增加必须达到极限。因为只有极限负荷的刺激，才能将运动员的身体机能充分挖掘出来，并且经过不断训练形成超量恢复，从而提高运动员的身体素质和运动水平，达到参加激烈比赛、创造优异运动成绩的要求。

4.周期安排原则

周期安排原则就是对运动训练过程进行周期性训练的原则。在安排运动员的训练节奏、训练内容、动态节奏与身体承受的负荷量时，需要根据多种因素进行安排，如根据运动员的机体的生物节奏变化规律、竞技状态形成与发展的周期性规律等因素来安排。

贯彻周期安排原则需要注意以下几点：

（1）掌握各种周期的序列结构

在实际训练中，教练要想将周期安排训练原则贯彻到整个训练过程中，就需要了解并掌握不同周期的时间构成，还要了解这些周期适合应用的范围。

（2）选择适宜的周期类型

在运动训练中贯彻周期安排时，需要考虑在不同的训练任务和计划上选择适宜的周期类型。例如，在安排年度训练时，需要确定采用单周期、双周期还是多周期的周期类型；对于第一周的训练，应该采用加量周期、加强度周期还是赛前训练周期等。

（3）处理好决定训练周期的固定因素与变异因素的关系

周期安排原则是建立在人体竞技能力变化和适宜比赛条件出现的周期性特征上的。训练周期通常会受到适宜比赛条件这一因素的影响，并且这种因素是固定的，而人体竞技能力变化对于训练周期来说是变异因素。通常某项目的比赛条件最适宜的时间往往与重要比赛的安排相一致，而且这一时间通常在前一年就会确定下来。尽管生物节律会对人体产生一定影响，但这种影响是可以被改变的。通过合适的训练和安排，运动员可以在特定时间段表现出最佳的竞技状态。这个过程是完全可控的。因此，教练应该努力调整运动员的竞技状态，以确保它与比赛日程安排相协调。

（4）注意周期之间的衔接

一般来说，人们在将完整的训练过程划分为多个短周期时，往往会忽略这些周期之间的衔接，而过多注重训练过程的阶段性。但是，在由不同时间跨度的周期组成的连续训练过程中，周期之间的衔接非常重要，需要在训练过程中特别注意。

5. 区别对待原则

区别对待原则是指在运动训练中要根据运动员各方面条件及不同训练计划和目的等，有区别地确定训练任务，对训练方法、内容、手段和负荷都有相应的安排。

不同运动员在身体条件、心理品质和个性特征等方面都表现出明显的差异，因此在训练中要始终遵循和贯彻区别对待的原则。贯彻区别对待原则有利于发掘运动员的潜力，防止训练中个别运动员打乱整体训练的节奏。只有进行正确的区别对待，有的放矢地进行训练，才能取得良好的训练效果。

6. 直观训练原则

直观训练原则是一种非常重要的运动训练原则，它是依据直观性与动作技能形成的教学论原理所确定的训练原则。其主要目的是使运动员能更有效地完成技术、战术和智力训练等方面的任务。在教学过程中，直观训练有很多种手段和方法，而且现代运动训练更加强调直观原则的运用。

在运动训练初期，遵循和突出教学训练的直观性十分重要，具体来说，应注意以下几点。

（1）合理地选用直观手段

选用直观手段进行训练时要注意选择那些目的性强、具有成效的手段，并且必须明确所选的各种直观训练手段所能解决的主要问题。另外，还要根据不同对象、不同运动项目和训练内容的特点，选择和应用有针对性的直观手段。

（2）根据运动员的个体特征选择直观手段

选择直观手段时要根据运动员的个体特征及训练水平来选择，对于不同训练水平运动员应采用不同的直观方法和手段，同时，还要注意采用不同的训练强度。

（3）重视直接示范的作用

教练先进行直接的训练动作示范，在运动员掌握到一定的动作要领后，再通过录像、图解、直接观摩优秀运动员的表演和比赛等手段，同时结合清晰、准确、形象的讲解，以及教练对运动员技术动作的观察分析，来启发运动员进行积极的思考，并逐步找出体育运动的规律。

（4）注意运用直观手段的时机和方法

要根据不同年龄阶段运动员的感官器官发育的敏感发展期的不同，合理地选择和运用直观手段。教练可用语言信号、固定的身体姿势或慢速动作来加深运动员对空中的方位、肌肉用力情况等进行体会。

7. 系统训练原则

在现代运动训练中，只有坚持不间断的系统训练，才能对所要掌握的运动技能进行不断重复和巩固，才能完成运动技能系统化积累。另外，这种多年的系统性训练也是在现代竞技运动中获得优异运动成绩所不可或缺的一环。多年的系统训练和周期性训练是贯彻系统性原则的重要途径。

8. 适时恢复原则

适时恢复原则旨在及时消除运动员在训练过程中的疲劳，同时通过生物适应过程，使得运动员能够超量恢复，从而提升机体的运动能力。一旦运动员的负荷达到一定程度，产生较大疲劳时，就应该按计划在适当的时候安排恢复性训练，并采取恰当的恢复措施，帮助运动员的机体得到迅速恢复。

二、体育训练的方法及创新性探索

（一）训练的方法

体育训练的方法有很多，具体要根据实际情况和需要进行有针对性的选用，以达到最佳的训练效果，下面介绍几种常见的训练方法。

1. 分解训练法

分解训练法指的是将完整的技术动作和战术配合过程合理地分成若干个环节或部分，然后按环节或部分分别进行训练的方法。在需要集中精力完成专门训练任务、对主要技术动作和战术配合环节的训练进行加强时，适合采用分解训练法进行训练，这样可使训练取得更好的效果。分解训练法有着自己的适用范围，主要适用情况包括技术动作或战术配合过程较为复杂、可予以分解，并且运用完整训练法又不易使运动员直接掌握的情况，或者技术动作、战术配合的某些环节需要较为细致的专门训练的情况。

单纯分解训练法、递进分解训练法、顺进分解训练法、逆进分解训练法是较为常见的四种分解训练法类型。

2. 完整训练法

完整训练法要求对技术动作和战术配合的全过程进行无缝衔接的练习，不会分部分、分环节进行训练。使用完整训练法可以协助运动员完整地掌握技术动作要领和战术配合技巧，同时还能保持技术动作和战术配合的整体结构与各部分之间的内在联系。

完整训练法具有广泛的适用范围，既包括单一动作的训练，也包括多元动作的训练；既有个人成套动作的训练，也有集体配合动作的训练。但是，在不同的范围内运用时，要注意有所侧重。

3. 持续训练法

持续训练法的特点是负荷强度较低、训练时间较长，并且在训练过程中不间断地进行练习。采用持续训练法进行训练，平均心率应该在 130～170 次/分钟。通常情况下，在发展一般耐力素质时，采用持续训练法最为合适。这是因为持续训练法有助于改进负荷强度不高但技术动作细致的动作，帮助机体在长时间负荷刺激下产生稳定的适应效果，同时引起内脏器官的适应性改变。除此之外，持续训练法还可以提高有氧代谢系统的能力，以及增强在这种状态下进行有氧运动的强度。这能够为进一步提高无氧代谢率以及增强无氧运动的强度奠定一个稳固的基础。

根据训练时持续时间的长短，我们可以将持续训练法分为短时间持续训练方法、中时间持续训练方法、长时间持续训练方法三种类型。

4. 间歇训练法

间歇训练法是一种在多次练习中严格设定中途休息时间的训练方式，目的是让身体在尚未完全恢复的情况下，继续进行练习。在严格的间歇训练中，运动员的心脏功能会有显著的提升。在运动训练过程中，运动员通过调整负荷强度，可以使身体的各种机能更好地适应特定的运动项目。采纳间歇训练方法进行训练不仅可以显著提高葡萄糖的分解效率，还能提升身体的能量水平，并帮助运动员在剧烈的比赛项目中保持更为稳定的技术表现。这样的训练方式可以增加心跳频率，进而增强身体对乳酸的抵抗力，使运动员在高强度的训练中拥有持续运动的能力。

高强性间歇训练方法、强化性间歇训练方法以及发展性间歇训练方法是间歇训练法的三种基本类型。

5. 变换训练法

变换训练法是考虑到比赛过程中的复杂性、对抗程度激烈度、运动技术的变化、战术的变化、运动能力多样性和中枢神经系统的灵活性等各方面因素而提出的一种训练方法。它旨在通过调整运动训练的难度、练习方式、内容和环境等要素来激发运动员的运动积极性和兴趣，提高他们的适应能力和应变能力。通过改变运动训练负荷，运动员可以对运动强度、技术等产生适应性变化，使其更加贴合特定运动项目的要求，从而提高在不同训练负荷下参加专项比赛的能力。改变训练内容能够系统化运动员的训练，以促进其不同运动素质、运动技术和运动战术的发展，从而使其能够具备多种实际比赛所需的运动能力和应对变化的能力。

依据变换内容的不同，变换训练法可以被分为形式变换训练方法、内容变换训练方法和负荷变换训练方法三种类型。

6. 重复训练法

在重复训练法中，对于相同的练习会进行多次反复训练，每次练习之间都会留有足够的休息时间，以达到最佳训练效果。通过不断重复相同的动作或一组动作，运动员可以强化自己的运动条件反射，从而掌握技术动作。在重复训练法中，身体面对的负荷强度是较为稳定的，这种稳定的负荷强度刺激可以促使机体产生较高的适应性机制，从而促进运动员身体素质的发展和提高。构成重复训练法的主要因素包括单次（组）练习的负荷量、负荷强度，以及每两次（组）练习之间的休息时间。其休息方式通常包括静坐、肌肉按摩或散步等方法。

依据单次练习时间的长短，我们可以将重复训练法分为短时间重复训练方法、中时间重复训练方法和长时间重复训练方法三种类型。

7. 循环训练法

循环训练法是一种可按照既定路线和顺序，将练习方式拆分成多个练习站，然后分别完成特定训练任务的训练方法。在每个练习站中完成训练任务后，运动员可以回到开始处进行下一轮训练。采用循环训练法可以激发运动员的训练热情，持续提高他们的训练强度。循环训练法的要素包括每个练习站的练习内容、每个练习站的运动强度、练习站的顺序安排、站点之间的休息时间、循环训练的时间间隔，以及练习的总站点数和循环次数。循环训练法可以增强运动员的训练动力和积极性，在多个层次和水平中都有良好的效果；可以加强运动训练的强度，增加练习的次数。在使用循环练习法时，教练可以根据运动员的具体情况作出灵活调整，并采用个性化的教学方法来安排练习。采用循环训练法既可以使运动员的身体不会过度负担某一部分，避免过早疲劳，还有利于身体的全面锻炼。在循环训练的实践中，有两个术语被广泛使用：站和段。这里的"站"是指练习点。若在同一个训练周期内，有多个无间断的练习点相互连接，则这些练习点的集合就被称为"练习段"。在规划循环训练的顺序时，需要考虑"站"和"段"的安排。

以各组练习之间间歇的负荷特征为依据，可以将循环训练法分为循环重复训练方法、循环间歇训练方法和循环持续训练方法三种基本类型。

8. 比赛训练法

比赛训练法是一种按照比赛规则和方式严格进行训练的方法，它可以通过近似、模拟或真实的比赛条件来实现。比赛训练法的提出是建立在多方面因素的基础上的，包括人类天生的竞争本能和表现欲望、竞技能力形成的基本规律和适应原则，以及现代竞技运动所遵循的比赛规则等多种因素。通过运用比赛训练法，运动员可以全方位地提升专项比赛所需的体能、技能、战术、心理和智力竞技能力，并且这种综合能力的提升是非常有必要的。

教学性比赛方法、模拟性比赛方法、检查性比赛方法和适应性比赛方法是较为常见的四种比赛训练法的类型。

9. 综合训练法

综合训练法是指把重复训练、循环训练、变换训练等各种训练方法结合起来运用，或者在一组训练中安排各种技术训练、灵敏训练、力量训练等内容的训练方法。

在训练实践中，各种训练方法并不是单一存在和使用的，因此需要通过综合训练来灵活地调节运动员的训练负荷与休息时间，使其更好地达到训练要求，从而促进其运动素质和运动水平的全面提高。

综合训练法内容很多、组合多样，具体可以根据运动员的不同性别、年龄、身体状况、锻炼水平及需求进行适当的变化、调整，以取得理想的训练效果。

随着现代科学技术的进步，运动训练方法从理论到实践均在不断推陈出新。目前，社会各界的有识之士非常重视训练方法的创新，他们正在借助新的科学理论、运用新的训练模式来改变传统的训练方法。

当前，随着竞技体育运动的发展、科学技术的进步以及人们认知的不断提升，运动训练的方法正在向多样化的方向发展。训练方法日益多样化主要得益于运动员和教练在运动训练方面积累的丰富的经验，他们根据这些经验总结了多种多样的训练方法来指导训练实践。现代运动训练更加注重实效性和技术完善。传统训练方法的优良之处在运动训练中得到了保存，但同时由于高科技手段的引进，新的训练方法在运动训练中也不断得到应用，新的训练方法与传统的训练方法相结合使得运动训练更加科学、有效，这也促使了运动员不断突破极限，在比赛中不断刷新纪录。

（二）训练方法的创新性探索

时代在发展，科技水平在不断提升，运动员的竞技水平、训练的层次和维度也在相应的提高，这就对训练方法提出了新的要求，具体要求包含以下几方面。

1.破旧立新

所谓破旧立新，就是要打破原来固定的训练方法，从训练手段、训练思路等方面入手建立新的训练方法。例如，教练平时要经常对自己的训练方法加以审视，看看自己的训练方法是否已经成为一种思维定式，是否已经过时，运动员是否会陷入训练的瓶颈，无法进一步提升，对他们的培训是否无法跟上当前形势的快速变化等诸多因素。为了提升训练效果，许多老旧的方式方法需要进行创新性的调整,以优化它们的功能。为了实现"立新"的目标,教练需要运用富有创造性的思维方式来解决各种复杂问题、寻找新的发展路径,并挖掘出独特的训练观点、方法和技巧,只有这样,才能取得新的成就。

2. 逆向思维

训练目标、计划和方法通常遵循惯例、经验和权威人士观点等进行思考与制订,这很容易使我们陷入一种固定的思维方式中,限制我们的创造力和创新思维。这样的思维定式会逐渐阻碍我们探索新的方法和形成新的思路。为了适应现代形势的发展,我们需要学会转换思维方式和方法。逆向思维法是一种有效的方法,可以帮助我们突破传统惯例、经验和权威人士观点的束缚,摆脱陈旧的思维定式,创造新的思维模式。我们应该激励自己树立新思想和新观念,总结新经验,开创新的训练思路和决策方式。

3. 克弱转强

在训练过程中,运动员应当主动进行自我反思,找出自身的不足和缺点,并将这些不足和缺点作为研究焦点,努力去克服它们,从而提升自身的能力。如果训练过程中采用了特定的方法但未能达到预期的效果,也许并不是因为教练教授的方法存在问题,而是因为自己的训练方法需要进行改进。在这种情况下,运动员需要对训练方法进行深入的分析,识别其中存在的缺陷,并采取措施进行修正或引入新的训练策略。

4. 移花接木

随着知识的不断更新,人们越来越善于将不同领域的知识进行有机结合,创造出大量的新成果。同时,这些不同领域之间的知识渗透也越来越明显,逐渐形成了协同作用,产生了更为强大的综合效应。为了使训练更加有效,我们需要学习其他领域的理论、规则和方法,并将其自然地整合到运动训练的理论体系中,以此创造出新的训练理论、规则和方法。系统论、信息论和控制论的理论知识在不同领域的体育教育中的广泛应用,显著促进了体育学科的发展,取得了很多突破性的成果。

第三节 高校体育训练的现状与问题研究

一、高校体育训练的发展现状

(一)高校体育训练的课程现状

随着我国素质教育、终身教育的逐渐落实和展开,高校的体育训练课程也在不断地深化改革。其课程的现状可从以下几个方面来体现。

1. 社会需求方面

社会对高校体育训练的需求,在某种程度上决定了高校体育课程的设置和安排。社会需求方面包含社会政治、经济、科学、文化发展对体育训练所提出的要求,主要体现在培养人的素质上的要求。随着社会文明的发展,各个领域的细分和垂直发展使得社会对体育人才的需求越发旺盛,尤其一些新兴职业的出现,如体育保健员、社会体育指导员、体育记者、运动医学专家等,更进一步加深了对体育人才需求,而且这种需求还在不断发展。这也促使了高校越来越重视体育专业课程对人才培养的重要作用。从整体看来,目前我国高校体育训练课程的设置,已经将社会对专业人才的要求落实到课程计划当中,包括课程目标、选材与课程内容、课程实施以及课程评价等,都是以社会需求为指导方向,以适应社会发展为前提的。

2. 专业、学科发展方面

专业、学科的发展是相互关联的,高校体育训练课程的发展是以学科发展为前提的,是相关学科的有机结合。积极关注相关学科的最新进展是促进高校体育训练课程发展的另一个因素。

(二)高校体育训练的目标现状

我国各高校体育运动训练专业培养目标主要分为四类。

1. 培养学校体育实践人才

一部分高校开展体育训练的目的是培养学校所需的体育实践人才,如河北师范大学、东北师范大学等示范院校。

2.培养体育专门人才和复合人才

一部分高校开展体育训练，旨在培养出体育专门人才和体育复合人才，如北京体育大学、天津体育学院、北京体育师范学院等就属于这一类的院校。

3.培养中级专门人才

部分高校把培养体育中级专门人才作为开展体育训练的目标，如山西大学就是以培养中级水平的体育专业人才为主。

4.培养高级专门人才

部分高校开展体育训练，旨在培养出高级的体育专门人才，其中以上海体育学院为主要代表。

由此可见，我国高校体育运动训练专业的培养目标定位是多层次的。它虽然符合社会发展的不同需求，但也存在定位不够准确、界限不够分明以及方向过窄的弊端，这些都是亟待解决的问题。

（三）高校体育训练的教师现状

我国的高校体育教师基本上处于一个相对独立和封闭的工作空间和生活空间中。长期地固定在某一个岗位上，一方面使体育教师对本岗位的业务已经十分熟悉，多年来重复着相同或者相似的教学工作，缺乏一定程度的创新；另一方面，在很大程度上消耗了体育教师的工作热情。比如，由于欠缺新的挑战和刺激，他们更倾向于安于现状，教研能力很少得到锻炼甚至逐年弱化。长此以往，体育教师的个人能力很可能会止步不前，也就是说其自身知识、技能的更新速度很可能跟不上社会发展对体育教学提出的要求。如果体育教师不尽快意识到这些问题并加强学习和作出改变，将难以适应新时代的体育教学要求。

（四）高校体育训练的训练现状

我国大多数高校的体育训练课程，在时间安排上多年来一直沿袭着传统的模式，如固定的课程、固定的时间和固定的内容。虽然设置了门类比较丰富的体育专业课程和训练，但是在系统建设上还缺乏力度，所做的教学设计主要集中在普及知识和基础训练上，对于中级或者高级的训练做得还不够。而且随着就业压力越来越大,学生对体育训练的重视程度也会受到影响,如大四的学生很多忙着做毕业设计,或者忙着实习,或者忙着考研、考公务员,留给体育训练的时间和精力并不多。

二、高校体育训练发展的问题

(一)设施建设不完善

影响我国高校体育训练发展的一个主要客观原因是设施建设不完善。比如,学校的条件十分有限,没有足够的空间或者场地,或者虽有场地但是设施陈旧,并且由于缺乏维护和更新,有些设备过于老旧甚至已经影响正常使用。在这样的条件下,高校的体育训练可能长期以来都不能正常进行,要么是在训练量上不足,要么是在训练质量上不足。总之,高校的基础设施和场地建设不完善是导致学生训练受到影响的主要客观原因。要想改善这些情况,需要高校从综合管理和财务预算上都给予足够的重视。只有校方在思想意识和财务上同时给予大力支持,才能从根本上解决高校体育训练的基础设施和场地建设不完善的问题。

(二)经费投入不充裕

在经费方面,高校对体育训练的投入力度的确有待加强。调研数据显示,目前我国有相当数量的高校在体育训练方面的经费投入明显不足以满足训练的实际开支需要。高校的主要财政开支在于学校规模的扩充和选拔优质生源,在提高综合实力的基础上着力发展学校的重点学科和院系。对体育训练的重视程度不够,导致留给体育训练的经费十分有限。没有充足的经费保障,高校学生的训练便无法正常展开。因此,训练经费的欠缺也是制约高校体育训练发展的重要因素。

(三)训练内容不丰富

我国高校体育训练发展的问题还表现为训练内容与模式比较单一。在高校对体育训练的重视程度不够、经费投入有限以及场地设施不完善的前提下，存在训练内容单一、训练模式滞后等现象也不足为奇。它主要表现在学生的体育训练内容经常保持不变且不够丰富、竞赛组织较少、校运动队的发展缺乏生气等。不少高校的体育训练仅仅局限于最基本的田径项目和几大球类项目上，缺乏对现有项目进行进一步建设发展的计划，这是导致高校体育训练发展迟缓的另一个主要原因。

（四）训练不够科学和规范

我国高校体育训练发展表现出来的另一个问题是，训练手段和方法不够科学和规范。比较突出的表现是训练目标不明确、对训练结果缺乏科学严谨的评估、训练计划含糊不清等，这些都严重制约着高校体育训练的实质性推进。而且这些因素互相牵制、互为因果，难以突破。如果没有明确的长期目标、中期目标和短期目标，也没有重要的竞赛或者比赛的有力刺激，则大多数学生的体育训练将处于漫无目的的状态。训练目标不清晰很难对训练过程进行有效的评估，自然会导致对评估手段和方法缺乏重视。

（五）训练方法亟待更新

目前，有一些高校的体育训练还处于根据教师个人经验和知识进行训练的阶段，而教师的个人水平参差不齐，教师的知识更新能力以及对教学的热情和投入也不尽相同，这使得我国的高校体育训练整体水平差距很大。部分教师在训练中采用的训练方法和手段不适合学生的身心发展，达不到训练的要求，如训练方法陈旧、训练手段不得当、训练模式单一会严重打击学生的训练积极性，久而久之制约了他们运动成绩的提高。由于高校体育教师外出培训交流的机会较少，其专业水平得不到持续提高，对学生的训练还是根据训练项目的特点按照最传统的训练方法进行，手段相对单一，在一定程度上与社会的实际发展脱节，制约了学生运动技能的提升。

（六）训练管理有待加强

高校在体育训练管理模式、管理水平方面，与专业训练的管理还存在着较大的差距。高校的体育训练管理相对松懈和缺乏监管，如体育训练课程的内容存在雷同、专业设置边界模糊、每个专项教师的水平也良莠不齐。部分高校缺乏对专业课程和教师进行定期的教研与培训，虽然有些专项教师组建了项目的运动队，利用课余时间进行训练，但是训练效果和训练效率并不令人满意，与学校的整体教学方向也存在出入。教师组建的运动队经常以娱乐性的比赛为主，虽然丰富了高校学生的课余生活，但是对整体的体育训练效果作用不大。

第五章　高校体育训练的内容

本章为高校体育训练的内容，主要对高校体育训练的体能训练、高校体育训练的心理训练进行了详细的介绍，旨在帮助高校更好地开展体育训练，提高学生的体育素养。

第一节　高校体育训练的体能训练

一、体能训练理论

（一）体能训练的基本概念

体能训练是一门相对新兴的学科。关于体能训练的概念，国外有很多的探索和研究，虽然目前还没有一个统一的定论，但是概括来说，它包括以下三个方面的内容。

①体能训练是在运动生理、人体科学和医学等有关原理的指导下进行的提高机体对训练负荷和比赛负荷适应能力的训练。

②运用生物力学和专项理论知识对运动员的技术、战术进行训练。

③运用心理学、营养学和管理学等原理，进行预防或者干预，目的是使运动员在身体上和精神上处于动态的、较好的竞技状态。

我国学者认为，体能训练是指采用相应的方法和手段，全面提高人体的各项生理机能和代谢水平、改善人体的身体形态以及发展其运动素质和健康素质，从而达到提高其运动表现的目的。体能训练的根本任务是运用各种专业的方法和多样的手段使运动员的各器官系统的机能水平和身体形态获得全面的提高，从而提升整体运动素质、掌握先进的运动技术和技能，为发展专项运动素质和技能创造有利条件。对于高校的体育训练来讲，体能训练就是以改善学生的身体形态，提高其机体各个器官、系统、组织的整体能力为目的的训练，它旨在通过科学的练习，充分发展学生的运动素质，促进其运动成绩的提高。现代运动训练类型繁多，包括体能训练、技术训练、战术训练、心理训练以及智能训练等，而体能训练是以上所有训练的基础，也是运动训练的基础。无论进行哪项运动，都需要从体能训练开始，需要针对专项的具体需求来发展相应的运动素质。另外，通过合理的训练手段和方法而建立的体能基础，也是防止运动损伤和运动性疾病的重要条件。

（二）体能训练的基本要求

1. 先全面发展再突出重点

无论进行哪项运动，都需要具备一定的体能基础，其包括力量、耐力、速度、柔韧性等，因此在进行体能训练的时候需要注意安排好顺序，即先全面发展再突出重点，这也是体能训练的基本原则。一方面，运动者的各项体能素质是相互联系的，某一项素质的提高会促进或者制约其他素质的发展。因此，运动员或者学生首先应该全面发展自身的体能素质，具备一定的基础能力，才能为接下来的专项运动和训练打下必要的体能基础。之后，再根据专项运动的具体要求进行专项的体能训练，也就是说，体能训练需要在有计划、有目的的前提下进行。另一方面，如果想获得某项运动的优异成绩，那么就离不开专项素质训练，只有先获得良好的专项素质，才有可能提高自身的运动表现和运动水平，运动员或者学生所从事的运动项目决定了其必须具备该项目所要求的专项素质。因此，在进行体能训练时，运动员或者学生不仅要全面发展身体的运动能力，还要根据个人的具体情况和专项运动的需要，针对不同的项目和在训练同一项目的不同阶段突出体能训练的重点。

2. 以实战为训练目的

学生进行体能训练除为了提高身体素质、保持身体健康以外，还为了发展运动技能，提高技术战术的运用水平。因此，在进行体能训练时，学生应紧密结合技术、战术的要求，合理安排体能训练的内容、强度、时间、频率等，科学选择体能训练的方法，使体能训练与专项技术、战术的发展有机联系在一起，从而提高专项运动的竞技水平。在比赛中提高竞争力和比赛成绩是专项体能训练的意义所在。在体能训练中，训练手段的选择和运用是使体能训练与技术、战术训练紧密结合的关键，体能训练的内容和手段要突出专项特征，就需要在表现形式上尽量与专项技能、战术动作相呼应，不断提高竞技能力，从而获得优异的比赛成绩。

3.训练比例很重要

合理安排训练比例是体能训练的基本要求之一，它具体体现在体能训练的内容要有整体观念。只有合理安排一般体能训练和专项体能训练的比例，才能达到理想的效果。它的科学依据是一般体能训练是发展专项体能的基础，也是影响专项运动水平的原因，只有在充分发展一般体能的基础上，才能提高专项运动水平。比如，如果学生连最基本的力量和速度都不能满足，那么是无法真正进行某项运动的训练的，更谈不上提高运动表现。当然，每一位学生的身体条件不同，有的人天生体质较弱，他的体能训练内容则主要聚焦于提高身体素质，也就是说以一般体能训练为主；有的学生具有相当出色的身体条件，并且有一定的运动天赋，也愿意投入时间和精力在该项运动上做进一步的发展，那么对于这一类学生而言，体能训练中专项的比例就要提高一些。因此，不能使用单一的内容比例面对所有的学生，而应根据不同的学生、不同的训练项目具体确定体能训练的内容及其比例。并且，这种训练计划也需要进行动态的调整，两种训练的比例随着身体素质的提高或者训练目的的改变而改变。当学生处在高水平的训练阶段时，需要加强专项体能训练，才能最有效地发展专项运动能力。

4.科学评价训练效果

重视对体能训练效果的科学评价将有助于训练者及时了解自己的训练情况，了解自己的进步水平，明确自己与预期目标之间的差距，从而更好地制订下一步的训练目标和计划。因此，在体能训练过程中，体育教师应系统地对学生的身体运动能力进行定期或不定期的测量与评价。教师可以运用量化分析和定性分析科学、客观地评定体能训练是否达到了预期目标，如果没有达到，则要进一步找出未能达到预期目标的原因有哪些，是因为目标设定过高还是训练手段不合适，还是被其他不可控的因素干扰所致，总之，要对训练计划和执行效果及时复盘。教师通过科学有效的测量手段，定期评价训练效果，从而找出体能训练的薄弱环节和改进方法，为下一步训练计划的制订提供依据，进而帮助学生进行科学的体能训练，提高其体能训练的科学性和针对性。

二、力量素质训练

（一）力量素质概述

关于力量素质的概念，国内外学者对此有不同的解释，我国学者张英波在其研究中指出，力量素质是人体—肌肉系统工作时克服或对抗阻力的能力，是人们完成动作的动力来源。[①]

对于人体来说，力量素质是最基本的素质，一个人如果丧失肌肉活动力量，那么其生活将无法自理。个体在参与体育活动的过程中，身体的每一个动作都需要肌肉的运动，而肌肉在运动过程中完成各种技术动作，就需要克服一系列来自身体和外界的各种阻力，这种阻力克服就是力量素质的表现。阻力克服力越强，说明个体的力量素质越好。

对于专门从事竞技体育运动的运动员来说，在各种体育运动项目的体能、技能训练过程中，肌肉力量都是一个最基本的身体素质，良好的力量素质是运动员掌握运动技能、技巧，同时提高运动成绩的最重要的素质基础。因此，无论从事何种运动项目，运动员都非常重视力量素质的训练。

（二）力量素质训练注意事项

1. 既要全面也要突出重点

人的身体是一个整体，并且它的各部分紧密相连，不能依靠单独某个肌肉的力量来完成动作。要完成复杂的技术动作，需要全身各个部位的肌肉协作配合才行。我们通过对世界男子百米大战中的优秀运动员的观察可以看出，每位运动员都十分注重全身肌肉力量的协调发展，而不仅仅注重于增强单一下肢或局部的力

---

① 张英波. 现代体能训练方法 [M]. 北京：北京体育大学出版社，2006.

量素质。因此，在努力提高身体力量素质的过程中，除加强下肢力量之外，还需要加强其他主要肌肉组的力量，如上肢、腰、背、胸、臀等，并且要着重提高核心部位的肌肉力量和其他较小肌肉群的深层力量。

2. 做好充足的准备活动

在正式比赛或训练之前，运动员必须进行完整的准备活动。进行准备活动能够提高人的中枢神经系统的活跃度，从而增强机体对高负荷强度带来的刺激感觉。同时，进行准备活动还能提升体温，从而降低肌肉的黏滞性，增加肌肉的弹性；还能提升氧气输送系统的能力，促进机体的新陈代谢；还能最大限度地发挥肌肉的收缩力，从而有效预防肌肉损伤。通常情况下，在结束力量训练之后，乳酸的堆积会导致肌肉充血肿胀。因此，在完成力量训练后需要立即采取各种方式，如整理活动、良好的睡眠、补充营养等，来促进肌肉放松、身体恢复，以保持健康的状态。

3. 加强安全保护意识

中枢神经系统调控着肌肉的活动，因此在进行力量练习时需要集中注意力。充分发挥目标肌群力量，确保练习动作与意念密切配合，想要练哪一部分的力量，就使那一部分发力，这样既可以有效提高肌肉力量的发展水平，也有助于减少在高强度训练中受伤的风险。为了提高力量练习的安全性，教师需要增强学生的个人安全保护意识和团队保护意识。在进行高负荷的重量训练时，应禁止独自练习。在练习过程中，当机体达到最大负荷水平、接近疲劳极限时，需要特别注意加强团队成员之间的保护，以防范安全事故的发生。

4. 与专项动作相结合

专项动作的不同其技术结构也是不同的，同时运用到的肌肉群也是各不相同的。例如，在投掷类项目中，学生应该努力让器械获得最大的加速力量，以实现最佳表现。因此，在进行力量训练时，应根据专项动作的技术结构来选取适当的练习方式，进而发展有关肌肉群的力量。在进行实际力量训练时，必须严格遵守相关动作的技术规范，否则不正确的身体姿势会导致技术动作变形。这不仅会降低目标肌肉群的训练效果，还会增加运动损伤的风险。例如，在进行举杠铃深蹲练习时，首先要目视前方，之后保持腰背部处于挺直的状态，然后凭借大腿和核心部位的肌肉群共同发力，完成深蹲动作。需要注意的是，在进行大负荷的力量训练时，应该佩戴腰带，防止出现弓背的现象。同时，为了更好地保障安全，可以在杠铃双侧配备两名保护人员，以避免腰部受伤。

5. 掌握正确的呼吸方法

憋气可以固定胸廓，增强核心肌肉群的紧张度，有效提高人体在极限状态下完成动作的最大力量。需要注意的是，憋气过度会使得胸廓内压力增大，进而阻碍动脉血液的循环，可能导致脑贫血，甚至引起休克。因此，需要在短时间内将力量全部发挥出来时，为避免由于憋气带来的不利影响，应尽量避免憋气，特别是在进行反复练习时，如果负荷不太大，更应该避免憋气。对于刚开始进行力量训练的人来说，最好不要进行那些需要用尽全力的训练，同时需要注意掌握正确的呼吸技巧。此外，最好避免在深吸气后进行力量训练，否则可能会导致胸腔内部压力增加，从而对身体产生不良影响。

6. 制订系统的训练计划

一切事物都是用则进，不用则退，因此在力量素质的训练上也应遵循这一原则，应该制订系统的力量素质训练计划。相关研究证明，如果力量增长是快速的，那么在训练停止之后，力量消退的速度也十分快速。需要注意的是，当人体处于疲劳状态时，不能开展力量素质训练，因为这种状态下的训练，训练的是肌肉的耐力，并不是肌肉的力量，达不到力量素质训练的目的，同时还可能存在潜在的安全风险。

在进行力量素质训练时，应该根据不同情况安排不同的负荷强度，可以根据人群、项目、训练任务等合理安排负荷强度，同时负荷的安排应该要有明显的周期性与波浪式特点。在安排力量训练课的次数时，也应根据多种因素进行安排，如根据训练课所处的阶段和周期，训练者的年龄、性别、身体素质、现阶段达到的训练水平，以及需要实现的训练目标等因素进行课时的安排与调整。在距离参加重大体育比赛项目还有两周的时候，应尽量避免使用过于激烈的负重训练来训练大肌肉群，以防止肌肉拉伤，影响比赛。每次训练都应先将重点放在发展最大力量和速度上，然后才进行力量耐力的练习。

在进行力量素质的训练时，应该确保身体的所有肌肉都能得到充分的锻炼。通常的训练顺序是从下半身肌肉群到核心肌肉群再到上半身和肩膀肌肉群的练习。因此在制订专项训练计划时，应优先考虑复合动作，以有效锻炼主要的大肌肉群。随后安排局部动作训练，以确保局部肌肉群得到充分锻炼。

在体育高考中，力量素质是必不可少的身体素质考核项目之一，对于提高总成绩具有至关重要的作用。教师应该认识到力量素质训练的重要性，并掌握适宜的训练策略，保证学生在时间有限的情况下不断提高他们的素质和训练水平，以充分准备他们的体育高考。

三、速度素质训练

（一）速度素质的概念

速度素质是指人体或其某些部位在快速运动时的能力，也就是人体或人体某一部位能够快速作出运动反应、快速完成动作、快速移动的能力。因而，速度素质可归纳为以下三个方面：对各种刺激的快速反应能力、快速完成动作的能力，以及快速通过某一距离的能力。这些能力对高校学生具有非常重要的作用。速度素质训练不仅能够促进身体健康，而且有利于运动能力的提高。

（二）速度素质的分类

1. 反应速度

反应速度是指人体对各种信号刺激（如光、声、触）的反应速度。例如，短跑运动员从听到枪声发令到起跑的时间，球类和击剑运动员在迅速变化的情况下作出反应的时间等。运动员的反应速度取决于信号通过感受器、传入神经、中枢神经、传出神经和效应器这五个环节构成的反射弧所需的时间，也就是反应时长。反应速度与反应时长成反比，即反应时长越长，反应速度越慢。反应时长越短，反应速度越快。例如，当乒乓球运动员面对对手的发球时，他们可以在仅有的120毫秒内，通过观察对方的击球动作和听到球的声音，快速且准确地判断球的落点和旋转状态,并随即采取相应的技巧回击。此外,刺激信号的强度和注意的方向也会影响反应时间的长短。遗传因素对反应速度有很大影响,并且遗传率可高达75%。训练虽然有助于发挥个体的遗传潜力,但其作用仅在于使个体的反应速度得以表现并得到巩固。

2. 动作速度

动作速度是指人体或其某个部位在快速完成单一或多个运动时的能力,常用时间来度量。例如,投掷运动员在掷出器械时的速度,跳跃运动员的踏跳速度,排球运动员在扣球时的速度等。除了用时间来衡量动作速度,还可以用在同一时间内完成的动作数量来衡量动作速度,即数量越多,动作速度越快,反之则越慢。在技术动作中,速度可以被细分为瞬时速度和角速度。动作速度会受到多种因素的影响,如准备状态、动作协调性、熟练程度、快速力量和速度耐力水平等。

3. 移动速度

移动速度指的是在周期性运动中,人体在单位时间内快速位移的能力。在物理学中,移动速度是一个衡量物体运动快慢的参数,它可以通过距离(s)与耗费在该距离上的时间(t)之比来计算,也就是公式$v=s/t$。在体育竞赛中,常常用人体在规定距离内所花费的时间来衡量。例如,男子100米跑耗时9.760秒,男子100米自由泳耗时50秒等。在技术动作中,移动速度可分为加速度、平均速度和最高速度。以最高速度为例,目前世界上优秀短跑运动员的100米最高速度男子为12.040米/秒,平均值为11.760米/秒;女子为10.980米/秒,平均值为10.600米/秒。移动速度与步长、步频及两者的比例,肌肉放松能力及运动技能巩固程度等有关。移动速度还受遗传因素的影响。

即使运动员具有良好的移动速度,也并不能保证他们的反应速度是良好的。在1980年莫斯科举行的第22届奥运会男子100米决赛中,英国运动员威尔斯以10.250秒的成绩夺得了金牌,但是他在起跑反应速度方面的表现却稍显缓慢,其起跑的反应速度为0.193秒,是所有参加决赛的8名选手中最慢的。与之相比,法国选手潘卓在起跑的反应速度方面表现最出色,其起跑反应速度为0.130秒。

(三)速度素质训练的要求

1. 训练负荷要适度

在进行速度素质训练时,训练内容的安排要充分考虑学生的实际情况和身体状态的可接受程度,在进行速度练习之前要保证学生的身体疲劳完全恢复。注意采用正确的技术动作,练习内容之间要遵循循序渐进的衔接顺序,要先慢后快,先易后难。

2. 注重各部位的协调配合

学生的整个身体或者关节运动速度都是取得理想运动成绩的决定因素。而运动项目所要求的最佳运动速度经常是关节协同发力的结果,但是速度和力量并不同步发展。在一些速度素质起决定作用的运动项目训练中,较早地进行技术动作的速度训练是很重要的,但是这些训练不一定必须遵照基本的技术模式。有一些运动项目,速度与体能训练有密切联系,因为速度可能与耐力、力量和灵活性紧密相关。而且,速度训练还可能与复杂的技术训练有关,因为速度训练需要针对项目的专门要求来安排。此外,根据项目中所要求的有关力量、耐力和灵活性,以及最佳、最大速度和关节运动速度变化之间的协同配合程度的不同,这些专门要求也有所不同。

3. 保证运动训练安全

在进行速度素质训练的过程中,必须保证训练环境是安全的,这就要求训练者注意以下几方面。

①速度训练前进行充分的准备活动,训练间歇要保证充分的休息。

②进行速度练习时,如果发出的力量以及动作频率、动作幅度等超过了最大的限度,并可能给训练者造成巨大的身体损害,那么就应该及时调整训练计划。

③在气温较低的天气里,应当选择恰当的服装(径赛服),还应该采用按摩和放松练习等训练手段。如果在皮肤上涂擦强力的物质来促进血液循环,必须使用经过有关医疗卫生部门批准的物质。

④在早晨的训练时间里应该注意不要安排最大强度的速度练习。如果肌肉出现疼痛或痉挛等迹象,就应该停止训练的原有负荷。

⑤针对一些容易引发运动损伤的因素，如训练手段缺乏变化、负荷过大、在气温较低或运动员疲劳的情况下运动负荷安排不当，或是速度训练所要求的直接准备（准备活动）不充分而引起的肌肉紧张等，在训练前要做好预防措施。

⑥在保障场地设施安全的条件下进行速度训练，注意穿透气良好、宽大的运动服和适宜的鞋袜。

（四）提高速度素质的常用手段

1. 提高反应速度训练常用的手段

第一，通过信号刺激法提高运动员对简单信号的反应敏感度。第二，采用运动感觉法。运动感觉法的实践需要经历三个不同的发展阶段。首先，训练目标是让运动员对响应指令能够快速作出反应，并收集、汇总反应的时间数据，之后教练可以将时间结果告知运动员。其次，在训练之前，先让运动员对自己的反应时间进行预测估计，之后通过实际测验进行比较，这一阶段主要帮助运动员提升对时间感知的准确性。最后，在运动员练习之前，应该先规定好时间，让运动员根据这一规定进行练习，从而提高运动员对时间的判断能力，进而促进其反应速度的提高。要求运动员在规定的时间内完成练习，有助于提升他们对时间的敏感度，进而促进其反应速度的提高。第三，选择性练习。让运动员根据信号的复杂程度来作出相反的反应。

2. 提高动作速度常用的手段

要让运动员提高动作速度，可以依靠外界的助力来完成。然而，当使用这种助推方法时，需要注意时机和力度的掌握，并确保运动员能够准确地感知助推的时机和大小，从而帮助他们尽快熟知动作速度的要求。在利用外界阻力提高速度时，应该减少外界自然条件所带来的阻力影响，既可以利用动作的加速或者器材重量的变化来提升动作速度所带来的后效作用，也可以通过缩小场地和时间来完成训练，如在球类运动中使用小型场地进行练习。

3. 提高移动速度常用的手段

在移动速度的训练上，要注意每次的训练时间不宜过长，训练的次数不宜过多，否则会使得训练的强度不增反降。每次训练的供能途径要以高能磷酸原代谢为主,其时长应保持在 20 秒以内。同时在训练过程中,应该采用 85%～95% 的负荷强度。要给运动员合适的间歇时间,让他们的身体有足够的时间恢复,以便为下一次练习做好准备。在休息期间,可以进行轻松的慢跑和做一些伸展练习来使身体得到放松。之后需要进行各种提升爆发力的训练以及高频率的专项训练,如在田径短跑中需要进行高抬腿跑、小步跑、后蹬跑、车轮跑等特定的动作训练。除此之外,还可以借助特定的运动器材,如斜坡跑步机和骑固定自行车进行加速训练。

四、耐力素质训练

近几年来,国家在推进素质教育的同时,也非常重视体育教育和学生的健康。首届全国学校体育工作会议中,提出要把学校体育与开展"全国亿万学生阳光体育运动"作为全面推进素质教育的重要突破口和主要工作方面;习近平总书记在全国卫生与健康大会上也提出"要把人民健康放在优先发展的战略地位"[1]。

耐力素质的提升是当今社会亟须解决的问题,而学校作为育人的场所,在培养学生养成终身运动的习惯上,起着至关重要的作用,并且贯穿学生学校学习的全过程。因此有必要通过学校体育课堂,训练学生的耐力素质,提升学生的心肺功能,进而提高学生的身体素质。

(一)耐力素质的概念

耐力素质是反映人体健康水平或体质强弱的重要标志,也是体能素质的重要指标。耐力素质是指人体在长时间从事工作或运动时,能够克服这一过程中产生疲劳的能力。耐力与力量结合是力量耐力;耐力与速度结合是速度耐力。学生的耐力素质受多种因素影响,如长时间运动带来的心理耐受程度、运动器官的持续工作能力、能源储备的状态,以及运动期间的氧代谢能力等。此外,对运动技能的熟练程度和功能节省化的水平也会对学生的耐力素质产生影响。另外,长时间运动会使身体产生疲劳,该疲劳会暂时降低身体的工作能力。

长时间的工作会导致机体产生疲劳,这是一种自然的生理现象。经过长时间

---

[1] 刘玉瑛,赵长芬,王文军.读懂新征程 200 关键词 [M].北京:中国民主法制出版社,2023.

的工作或运动，人体消耗了大量能量物质，但却未能及时得到补充，从而导致了疲劳的产生。然而，疲劳也是提高机体工作能力不可或缺的因素，因为它能够刺激机体机能的恢复和提高。缺乏疲劳的刺激将无法促进机体机能的提升。因此，提高耐力素质对体能的发展和人体克服疲劳的能力非常重要。

根据疲劳所表现出来的不同工作特征，可将其分为：智力上的疲劳、感觉上的疲劳、感情上的疲劳及体力上的疲劳等。体力疲劳是运动训练中最有意义的成果之一，它是由于身体和肌肉的运动而产生的疲劳。感到疲劳是训练的正常反应，它反映了训练效果是有效的。若身体没有疲劳感，则说明训练可能没有取得明显的效果。不过，疲劳会降低身体的工作效率，导致工作时间变短，可能妨碍训练的进展。因此，我们需要克服疲劳的影响。一个运动员的耐力素质可以通过他在疲劳状态下继续坚持并保持高水平表现的能力来展现。

（二）耐力素质的分类

耐力是体能练习中的重要身体素质之一。不同的运动项目，需要的耐力有其各自不同的特征和不同的标准。通常耐力素质可以分为以下几种类型。

1. 按持续时间分类

（1）短时间的耐力

短时间的耐力是指在一定的时间内，通常为45秒至2分钟，持续运动的体能练习项目所需要的耐力。短时间耐力的主要特征是在运动时，其提供能量的方式是通过无氧的方式完成的，因此运动过程中存在较高的氧负荷。与此同时，在取得优异的运动成绩方面，力量与速度起着至关重要的作用。

（2）中等时间的耐力

中等时间的耐力是指在进行体能训练时，需要持续运动2~8分钟的项目所需要的耐力。中等时间耐力的主要特征是运动时的强度大，要大于那些需要长时间运动的耐力项目的强度。运动时，由于无氧系统与运动速度存在正比关系，所以人体的氧气需求量会超出现有的供应量，进而产生氧气负债现象。例如，参加1500米的跑步比赛时，机体约有50%的能量来自无氧系统，而参加3000米的跑步比赛时，机体约有20%的能量来自无氧系统。在体育锻炼中，有效的氧气摄取

（3）长时间的耐力

长时间的耐力主要是指持续运动的时间超过 8 分钟的体能练习项目所需要的耐力。其主要特征是整个运动过程主要由有氧系统供能，心血管和呼吸系统高度动员，如运动中心率为 170～180 次/分钟，心排血量为 30～40 升/分钟，脉通气量为 120～140 升/分钟。

2. 按氧代谢的耐力分类

（1）有氧耐力

有氧耐力是指在氧气供应较为充分的情况下，机体能长时间工作的能力。而有氧代谢能力就是机体在氧气的吸收、运输、利用方面的综合。有氧耐力训练的目标是增强运动员的机体氧气输送能力，促进机体新陈代谢，从而为承受今后更多的运动负荷做好充分准备。这种训练对于需要耐力的项目，如大部分球类和田径项目中的马拉松、越野跑、长跑和长距离竞走项目非常重要。

（2）无氧耐力

无氧耐力是指即使在氧气供应不足的情况下，练习者的身体也能持续进行长时间的训练。通常情况下在体育活动中，人体对氧气的消耗会逐渐增加，导致氧气供应不充分，从而形成氧气负债。这种氧气负债通常需要在运动结束后经过一段时间的恢复才能达到原来的状态。因此，进行无氧耐力训练的主要目的是增强身体对氧气供应不足的耐受能力。无氧耐力又可分为非乳酸供能的无氧代谢和乳酸供能的无氧代谢两种形式。

（3）有氧与无氧混合耐力

有氧与无氧混合耐力是介于无氧供能和有氧供能之间的一种耐力。它的特点是持续时间长于无氧耐力但短于有氧耐力。大多数对抗性项目，如拳击、摔跤、柔道、跆拳道，以及田径运动中 400 米、800 米赛跑等均属于此种耐力类型。

3. 按肌肉工作方式分类

（1）静力性耐力

静力性耐力是指机体在较长时间的静力性肌肉工作中克服疲劳的能力，如射击、射箭、举重的支撑、吊环的十字支撑等运动中表现出的耐力水平。

（2）动力性耐力

动力性耐力是指机体在较长时间的动力性肌肉工作中克服疲劳的能力，如长跑、滑雪、游泳等运动中表现出的耐力水平。

4. 按身体活动分类

（1）身体部位的耐力

身体部位的耐力是指练习者在长时间地使身体某一部位持续活动后，仍能够克服疲劳保持活动的能力。当进行较长时间的上肢或下肢力量训练时，练习者可能会感觉到所练习部位的肌肉发酸，有酸胀感，如果继续坚持训练，可能会遇到肌肉工作困难的情况。一般来说，机体的耐力水平会对局部耐力的提高产生影响。

（2）全身的耐力

全身的耐力主要是指练习者的整个身体机能在体能练习中克服疲劳的综合能力。全身耐力是练习者综合耐力水平的反映和表现。

5. 按运动项目分类

（1）一般耐力

通常情况下，一般耐力是指身体多个肌肉组群和多个系统能够连续长时间工作的能力。无论何种训练形式，只要训练者的一般耐力是良好的，都会对训练结果产生积极的影响。一般耐力涵盖了各种不同形式的耐力表现，不同练习项目所需的耐力也各有不同，因此，在进行一般耐力训练时，应全面考虑一般耐力与专项耐力之间的关系。

（2）专项耐力

专项耐力是指练习者为了取得理想的专项成绩，尽最大的努力让机体充分发挥机能，并克服在专项负荷训练中产生的疲劳感。不同的运动项目其耐力要求也是各不相同的。举例来说，像短跑和骑车这样的运动项目的，要求运动员具备能在长时间内保持高速运动的能力；球类项目要求运动员有在较长时间内保持带有大量极限强度动作（快速移动、进攻、防守、打击）的抗疲劳的能力；举重、摔跤、拳击、体操等项目要求运动员有力量耐力和静力性耐力。专项耐力练习需要承受较大的练习量和强度，要让身体练习、技术练习的负荷总量按照各练习阶段有规律地增长，并通过专项耐力练习，建立专项耐力储备，为专项练习服务。

（三）推动体育课中耐力素质训练的方法

1. 考虑学生运动需要，激发学生运动兴趣

在体育课中，教师要想开展并实施耐力素质的训练，不仅需要考虑哪些方法适用，还需要考虑应该安排哪些内容进行训练。一切训练的开展前提都需要以学生的运动需要和激发学生的运动兴趣为前提。

运动需要是指学生通过体育运动的自身价值来获得其所需要的价值，或者是学生想要掌握某一体育运动技能的需要。教师可以从以下几方面判断学生的运动需要。首先，将健身锻炼作为出发点，通过体育心理学知识、学生的兴趣爱好等因素，综合考虑学生的情感需求，进而找到学生的运动动机与运动兴趣。通常情况下，人们只要运动就会想要在运动中获取满足，可以是强身健体、减肥塑形等，只要人们的需求得到满足，就会产生运动的愉悦感，从而激发运动兴趣的产生。因此，学生的运动兴趣得到挖掘和培养是推动其运动发展的关键因素。

其次，运动的兴趣受到许多因素的影响，除自身的运动需求外，师生之间的互动、学生现有的运动技能水平、运动内容的新奇性和适应性，以及成功的体验等，都是重要的影响因素。在这些众多因素中，良好的师生关系能确保教师将学生向积极健康的方向引导。

2. 丰富运动形式，调动学生积极性

最近几年体育界出现了很多好的健身锻炼方式，如健身田径运动、少儿田径运动、自然环境中的田径运动、趣味性的田径运动等。这些运动方式从不同角度和方面让运动更加有价值、意义和趣味。同时，还丰富了学生的课余生活，调动了他们运动的积极性，具有一定的社会价值。

3. 进行耐久跑，提高学生耐力素质水平

在适当的距离、强度和速度下进行耐力训练，能够让学生感到身心愉悦。因此，耐久跑训练应该在中等强度下进行，并以适当的时间和距离为前提。教师应该倡导每个学生根据自身情况制订训练计划，并根据个人水平调整训练负荷，以提高个人的运动能力和耐力素质。这样可以避免学生受到"比赛"和"达标"等约束条件的影响，超出个人负荷能力范围，导致运动损伤的情况发生。

耐久跑训练可以让学生明白耐久跑的价值与作用，同时明白跑步的正确方法和节奏。在耐力跑训练中，要让学生自主在跑前和跑后进行脉搏测量，同时了解耐久跑的心率应该在120～150次/分钟最为合适。体育教师可以根据所在学校的具体情况采用灵活的策略，因地制宜地进行训练，这样会使学生的耐力素质水平不断提高。

教师有责任指导学生掌握正确的跑步方式和节奏。首先，让学生形成正确的跑步姿势与跑步方法，在这一过程中，教师可以通过多媒体播放图片或视频，结合口授与亲自示范的方式，帮助学生了解并掌握正确的跑步姿势与方法，从而让学生养成耐力跑的习惯。其次，让学生掌握正确的呼吸技巧与节奏，在耐久跑训练中，掌握呼吸的技巧与节奏是最基本的要求。运动时，学生主要依靠提高呼吸频率来增加肺通气量，而呼吸深度的增加相对较少。这是由他们的胸围较小、呼吸肌肉的力量不足、肺活量较少以及呼吸调节机能不够完善所导致的。为了增加学生在跑步过程中的呼吸深度，教师应该在学生慢跑时引导他们学会正确且有节奏的呼吸方式，并强调深度呼吸的重要性。

只要教师认真负责地、有针对性地规划、指导学生进行练习，并坚持以上几点原则，就可以逐步提高学生在不同阶段的耐力素质水平。随着学生年级的增长，他们的耐力水平也会明显提高，这为学生在中后期体能储备不足这一问题提供了解决方法。

五、灵敏素质训练

（一）灵敏素质的概念

灵敏素质是在各种环境条件下迅速、准确和协调完成动作的能力。灵敏素质是一种典型的复合型素质，全面发展运动者各方面的运动素质是提高其灵敏素质水平的保证。作为一种综合性的运动素质，灵敏素质受到运动技能、运动感觉和各种身体素质的综合影响。在现代竞技运动中，灵敏素质在实质上是人经过视觉感受在大脑皮层神经过程的转换，使已经形成的各种动作动力定型适应突然变化的运动情况。

灵敏素质并不像其他素质一样有具体的衡量标准，如力量用重量的大小来衡量；速度用距离和时间的比来衡量，单位是米/秒；耐力用时间的长短或重复次数的多少来衡量；柔韧性用角度、幅度的大小来衡量。通常情况下，灵敏素质的高低是通过动作的熟练程度来显示的。例如，运动者的躲闪能力必须通过躲闪动作的快慢来表现灵敏素质的高低。但是，完成躲闪动作是以各素质为基础的，反应判断的快慢决定了相应躲闪动作的快慢，速度力量的大小决定了反应动作的快慢，因此运动者在没有做出躲闪动作之前就无法衡量其在躲闪方面的灵敏素质，急跑急停、跳跃、转体、平衡等动作也都如此。因此，身体综合素质越高完成动作越熟练，所表现出来的灵敏素质就越高，灵敏素质离不开其他素质和运动技能。

衡量灵敏素质发展水平的高低主要从三个方面来判断。首先，是否具有快速的反应、判断、躲闪、转身、翻转、维持平衡和随机应变能力。其次，是否能把力量（爆发力）、速度（反应速度）、耐力、柔韧性、协调性、节奏感等素质和技能，熟练掌握并以迅速、准确的动作表现出来。最后，是否能够在各种环境中自如地掌控身体，完成动作，并且做到准确、熟练。不同的体育项目对于身体敏捷度的要求有所不同。球类和其他对抗性项目要求运动员具备敏捷的反应能力、迅速的机动性、准确的判断力以及出色的应变能力等。而体操、跳水等体育项目则需要运动员展示出快速改变身体位置和在空中完成翻转动作的敏捷能力。

（二）灵敏素质的分类

1. 一般灵敏素质

一般灵敏素质是个体在日常生活和活动中表现出来的各种应变能力。具体是指运动者在各种运动活动中、在各种突然变换条件的情况下，能迅速、准确地完成各种动作的能力，它是提升专项灵敏素质的基础。

2. 专项灵敏素质

专项灵敏素质是个体在运动中所表现出来的与运动技能紧密相关的应变能力。具体是指在各种专项运动中，运动者能够迅速、准确、协调地完成各种动作的能力。它是在一般灵敏素质的基础上，不断重复专项技术和技能训练的结果。

不同的运动项目对灵敏素质有着不同的要求。例如，球类项目和格斗类项目动作复杂，没有固定的程序和动作模式，随时根据复杂比赛条件的变化改变动作的方向、速度、身体姿势，其主要强调运动员的反应、判断、躲闪、移动、随机应变等能力。又如，健美性运动项目主要要求运动员具备快速改变身体位置，进行空中翻转，拥有时空感、节奏感和控制身体平衡等方面的能力。所以专项灵敏素质具有明显的项目特点，必须根据专项机能的特异性，发展专项所需的灵敏素质。

（三）灵敏素质训练的原则

1.健康安全与竞技需要原则

（1）健康安全原则

保障健康和安全是人类生存的基本权利，也是进行体育或其他活动的基本前提。根据田麦久教授所言，运动员的一切活动都离不开健康的支持，同时健康也是运动员的基本权利。因此，在进行体育训练时我们应遵循健康安全的原则。首先，在执教理念上，应该强调运动员的主体地位，而且队医也要对运动员的伤病进行全面评估和建议，在这种情况下，教练必须认真考虑队医的建议。其次，在项目的比赛规定上，不得让带伤的运动员参加比赛。最后，培养运动员的自我保护意识，若运动员遭遇训练或比赛中的伤病，应与医生和队医密切协作，遵循治疗方案，并实时告知教练以便适当调整训练计划，确保早日康复，迅速回归到比赛和训练状态。

鉴于灵敏素质训练对运动员的身体素质有很高的要求，因此通常会将其安排在训练课程的前半部分。在进行灵敏素质训练之前，教练需要激发运动员的运动热情和动力，确保他们精力充沛、注意力集中，并保持充足的体力。在这种状态下进行灵敏素质训练，可以确保训练获得良好的成果。此外，教练需要根据不同的阶段或者练习的重点，采用不同的灵敏素质训练方法。例如，沙滩排球运动员需要在无球练习中不断变换姿势和适应运动方向，之后再结合排球进行练习，这种练习可以提高运动员的判断能力，培养他们预判、变向和灵活调整的能力。

运动员的健康状况应该是灵敏素质训练计划的考虑因素之一。考虑到灵敏素质训练与一般的康复性训练有很大的不同，并且具有高强度和较高的危险性。因此，运动员在身体状况不佳或处于受伤状态时，应避免参与灵敏素质训练。为确保运动员在进行灵敏素质练习或测试时的安全，必须有安全的训练场地。首先，要有与比赛时的场地相同的地面，对于服装与鞋子的要求也应该与比赛的要求一致。另外在硬场地上测试时，为了避免滑倒，应该穿有配备防滑鞋底的专业训练鞋子与服装。其次，要准备空间够大的场地进行测试或训练，这样才能使运动员在运动过程中伸展身体，并确保运动员的安全。最后，在进行灵敏素质练习或测试时，运动员应该集中精神，保持良好的练习状态，避免产生疲劳。

（2）竞技需要原则

竞技需要原则应该根据项目特征而定，教练应该注意灵敏素质训练要能满足项目的需求，因为不同的项目需要不同的灵敏素质水平。灵敏素质训练的目的并不是将其划分为一般灵敏性和专项灵敏性，而是对专项灵敏素质进行深入分析，以便制订适合的练习方法。这种练习方法需要从能量消耗、技术特征以及力学特征等多方面入手，将其与实际项目贴合起来。1988年，苏联训练学专家指出："机体对刺激的适应具有较强的专一性，长期缺乏针对性的训练，无法使机体适应专项的要求，结果必然导致运动成绩的下降。"[①] 灵敏素质的练习方法可以根据竞技需要进行选择，这样能将训练效果最大化应用到专项竞技能力中，运动员可以依据动作形式、移动速度、功能特点等选择练习方法。举例来说，当项目中需要运用大量的侧向移动能力时，在练习中就应该体现出这一点。如在沙滩排球训练中，其训练目标应该以项目的预判特点、变向特点、动作特点为基础进行训练，这样的训练有助于运动员更加适应比赛，从而取得理想的成绩。

2. 适宜负荷与区别对待原则

（1）适宜负荷原则

训练效应的生理基础在于人体对于负荷这一刺激的适应能力。也就是说要想让运动员获得训练效应，就需要对运动员施加负荷才能实现。需要明确的是，人体的适应能力是有限的。一般来说，当人体在训练过程中逐渐适应了新的运动负荷，就会促使运动成绩的不断提升。当身体无法适应长时间的负荷时，就会使得运动成绩下降。因此，控制负荷已经成为运动训练学研究的重点之一，灵敏素质

---

① 杨圣涛. 当代大学生体育与健康教育研究 [M]. 长春：吉林科学技术出版社，2020.

的训练也存在运动负荷的问题。

灵敏素质以磷酸原系统供能为主,练习时强度较大,易产生疲劳,所以,练习后应有足够的休息时间,以保证机体磷酸原的恢复。运动生理学研究表明,每千克肌肉中含15～25毫克三磷酸腺苷和磷酸肌酸,该系统的供能时间一般不超过8秒,而磷酸原系统供能恢复一半的时间大约是30秒,完全恢复所用的时间是3～4分钟。所以,在进行灵敏素质训练时,练习时间一般不应超过10秒,以充分发展灵敏素质磷酸原系统供能的能力。两个练习之间的休息时间应超过30秒,一般为30～50秒;组间间歇应稍长一些,一般为3～4分钟,以保证三磷酸腺苷和磷酸肌酸含量的恢复。为了使运动员能够较长时间保持良好的灵敏性,应适当提高运动员的糖酵解供能能力和有氧代谢能力。研究表明,运动员尽力保持相同速度进行灵敏素质的练习仅能维持7秒,一般而言,敏捷性、加速度和快速脚步的练习时间应保持在3～5秒,灵敏素质的纯练习总时间一般不超过4分钟。

在运动负荷方面,主要考虑的因素是运动量、强度和间歇时间。在进行灵敏素质训练时,教练应该关注练习的强度,并且可以通过运动员所用的时间以及心率变化来间接评估练习强度。通常情况下,如果运动员的练习速度降低了10%以上,那么就说明运动员已经出现疲劳并且需要停止练习。同时,如果练习的功率下降了也需要注意及时停止训练。有经验的教练还可以通过观察运动员的动作技能是否下降来判断运动员是否需要停止训练,如果运动员制动时动作不稳或者制动下降,就应该停止训练,或者适当增加间歇时间。

(2)区别对待原则

在运动训练的过程中,区别对待原则是指教练根据运动员的特征和训练水平,量身定制个性化的训练计划和负荷安排,以达到最佳训练效果。在进行灵敏素质训练时,教练需要遵循因人、因时、因项、因地的原则,因为这样才能根据个人的实际情况进行个性化的训练,从而达到最好的效果。

在进行灵敏素质的训练时,遵循区别对待的原则需要注意以下几个关键点。首先,需要根据运动员的特点来进行灵敏素质训练,这是因为不同的运动员在训练水平上也是各不相同的,因此应该采用不同的练习方法或负荷进行训练。例如,某些运动员在灵敏素质上的表现不佳,可能是因为他们缺乏足够的预判能力,或者是他们在移动和变换方向或动作方面的能力不足。因此，在训练过程中，应根据运动员各自的具体情况来进行有针对性的训练。其次，做不同项目的运动员对灵敏素质的需求各不相同，这一点在竞技需求原则中已有详细描述，此处不再赘述。再次，处于各个训练阶段的运动员应该有针对性地安排各种灵敏素质的训练内容。在初始阶段，运动员应该重视基础的步伐和身体控制能力的训练，如冲刺跑、后退跑、侧滑步以及起动、制动和变向等基本动作的移动和控制，这将为后续的灵敏素质训练奠定坚实的基础。如果运动员能够有效地平衡自己的身体和重心，并具备迅速移动的能力，那么他们成功的概率将会增加。最后，选择一些与特定项目相关的灵敏素质移动步法进行训练，如果需要使用特定的器械，还可以结合这些器械来进行方向移动和动作变换的练习。当达到某一特定水平时，运动员可以依据特定的运动场景来进行必要的预测和快速反应的练习。

3. 全面发展与敏感期优先原则

（1）全面发展原则

全面发展是指在对灵敏素质进行训练时，要提升运动员在观察、判断、变换动作和改变方向以及控制身体等方面的能力，以达到全面发展的目的。观察判断能力、变换动作能力和改变方向能力是灵敏素质的三个基本属性，这三个基本属性之间的关系十分紧密、不可分割。因为不同的能力有不同的表现形式，所以应该先将灵敏素质分类，之后再对某一属性进行单独的研究，这样才能更深入地探讨这一属性的特点。然而，不能因此而忽略灵敏素质的整体性。只有将这三种能力融合在一起进行多方位的评估，才能更加准确、全面地理解灵敏素质。在运动中，只要有一方面的能力不足，就会对运动员灵敏素质的整体表现产生影响。

首先，培养运动员的观察判断能力。让运动员在训练中加强观察能力，使用多种视觉追踪策略来获取更多可靠信息，进一步夯实视觉搜寻的结构模式，并加强对微小动作的识别，将这些因素形成运动记忆，并牢记在脑海中，有助于提高运动员判断的准确性和反应速度。研究显示，即使眼睛没有动，视觉注意力也能得到加强。此外，强化视觉搜索任务和结构技能也可能会被储存在记忆中。大量研究显示，训练运动员的观察能力和判断能力能够显著提升他们的意识和决策能力。

其次，培养运动员的变换动作能力。运动员的技术动作分为专项技术动作和非专项技术动作，教练应该帮助运动员全面发展其技术动作。相关实践表明，学习并熟练掌握更多的技术动作可以短暂地增强神经联系。这不仅能够提升运动员学习新技术动作的速度，还能够使运动员在运用技术时更具灵活性和创造性。

最后，培养运动员的改变方向能力。要想提高改变方向的能力，必须掌握多种移动步法，如起动、制动以及控制重心和变向身体姿势的技巧。在训练之初，教练可以指导运动员学习一些简单的闭环式移动动作，之后逐渐加入更具挑战性的动作。这样做不仅可以有效提高运动员改变方向的能力，还可以让其在挑战中获得更多的训练成果。

（2）敏感期优先原则

人的身体素质发展并非一成不变，它会在不同的阶段有不同的增长速度，某些阶段的增长速度尤其迅速。这些阶段通常被称为身体素质发展的敏感期。抓住敏感期并进行有针对性的训练，可以有效提高训练效果。敏感期的判定是依据年增长率大于或等于临界值的年份决定的，这里的临界值是年增长平均值加一个标准差。身体素质的敏感期通常可以分为两个阶段：迅速发展阶段和较快发展阶段。

在运动训练中，十分重视灵敏素质的敏感期训练，但这并不意味着只有在灵敏素质发展的敏感期才能进行灵敏素质训练。许多国内教练认为，在青少年阶段培养运动员的灵敏素质非常重要，因为成年后可能就错过了最佳训练机会。而国外的研究则指出，应该将灵敏性始终贯穿在运动员的整个训练过程中，这是因为通过长时间的重复，神经适应过程可以得到发展。此外，许多与灵敏相关的素质，如速度、力量、功率、柔韧性和平衡等，都可以通过系统的科学训练得到提高。

（四）灵敏素质训练的要求

1.训练手段多样化

灵敏素质的训练可以采取多种不同的方法，从多种角度发展灵敏素质，有助于提高运动员的各种分析器和运动器官的机能，从而进一步提高灵敏素质。身体运动器官机能的改善和各种分析器对灵敏素质的提高与发展有着重要的作用。一旦运动员掌握了某一技能并达到了熟练程度，开始尝试使用相同的技能来提高敏捷度时，效果不会很明显。下面是几种训练时可供采用的具体方法。

①可以采用快速变向跑、躲闪、突然起跑，以及各种快速急停和迅速转体的练习方法，让运动者在跑跳的过程中迅速、准确、协调地完成各种动作。

②采用各种调整身体方位的练习方法和专门设计的复杂多变的练习方法，如利用体操器械来练习各种较复杂的动作，以及利用穿梭跑、躲闪跑和立卧撑等相互结合的动作进行训练。

③通过不同信号反应练习和各种变换方向的追逐性游戏进行训练。

2. 结合专项化训练

灵敏素质训练应与专项技术动作训练相结合，以提高正确动作的自动化程度。

灵敏素质训练应与专项技术动作训练相结合源于灵敏素质的专项化特点。例如，同样一个人，可能他在体操运动的技巧专项训练中有着良好的灵敏素质和协调性，但是在球类练习中可能就没有这么好的表现。因此，为了达到符合专项要求的训练效果，教练需要根据专项要求和项目特点的差异性，采用多种不同的训练方法。又如，可以在体操运动的技巧训练中，多进行身体方位的训练，这样能够提高运动员的技术水平；而在球类运动的技巧训练中加强脚步移动和躲闪练习则有助于提高运动员的比赛应变能力。

3. 合理安排训练时间

合理安排训练时间主要包括两个方面：一是合理安排参与训练的时间，二是合理安排训练中的间歇和休息时间。

灵敏素质训练应选择在运动者精神饱满、体力充沛、运动欲望强的状态下进行，这样不仅能有效减缓运动疲劳，还有助于提高运动训练的效果。在整个训练过程中，教练应该合理地安排灵敏素质训练，使其形成一个有机的训练系统。需要注意的是，训练时长过长和练习重复次数过多都会使运动员感到疲劳，从而可能影响他们的体能、速度和节奏感。同时，过度的训练也可能会损害运动员的平衡能力，从而影响其灵敏素质的发展。此外，在实际的训练中，灵敏素质训练应该安排在训练课程的开始阶段，因为在这一阶段运动员有着良好的心理和身体状态。因此，在这一阶段训练灵敏素质可以有效地延迟运动疲劳的产生。

在训练时间安排合理的情况下,要保证充足的训练间歇时间和休息时间,以偿还氧气负债和促进肌肉内能量物质的合成。这也是减缓运动疲劳、提高灵敏素质的另一种方式。

需要注意的是,训练中的休息时间不可过长,休息时间过长会使中枢神经系统的兴奋性大幅度下降。在下次训练中就会减弱对运动器官的指挥能力,使动作协调性下降、速度减慢、反应迟钝,进而影响练习的效果。一般来讲,练习时间和休息时间的比例控制在1:3即可。

在训练的全过程中,应合理安排并系统地进行灵敏素质的训练。不过要注意训练时间不要过长,也不要进行过多的训练重复次数。当身体感到疲劳的时候,最好停止进行灵敏素质训练。经验丰富的教练会根据不同训练流程的特点来规划灵敏素质的训练。例如,接近比赛日期时,教练会增加技术训练在整体训练中的比重,同时也会增加协调能力训练在整体训练中的比重。又如,在比赛准备期,通常会以灵敏素质训练为主,而在比赛期则会重点训练灵敏素质。

4. 重视提高综合能力

灵敏素质能反映人体的综合能力,所以,要想发展灵敏素质,就应该注重对运动员的综合能力进行培养。在灵敏素质的训练过程中,通常会采用其他的运动素质的训练方法进行训练,同时还会对运动员的反应能力、掌控能力、平衡能力等进行训练。

运动实践表明,表现灵敏素质的前提是熟练掌握运动技能。随着动作技能的动力定型数量增加,动作的熟练程度也会越强,进而完成的动作也更具灵活性。运动技能的本质就是一种条件反射,因此只有在大脑皮层中建立的动力定型数量足够多,在临场中改变动作所需要的临时连接的建立才会更快、更准确,而对于已经掌握的运动技能,在面对突发情况时,则可以快速形成新的应答性动作。要想提高灵敏素质,运动员需要尽可能多地掌握一些基本运动动作和技术、战术。

5. 消除紧张心理

紧张心理会影响训练者灵敏素质训练的过程和结果。训练者心理紧张时,肌肉等运动器官也会出现一定程度的紧张,从而反应迟钝、动作的协调性下降,影响训练效果。因此，在进行灵敏素质训练时，就要消除训练者的紧张心理，这一目标可以通过采取各种手段或方法来实现，如表象放松法、自我暗示放松法、阻断思维法、音乐调节法等。

六、柔韧素质训练

（一）柔韧素质的概念

柔韧素质是指人体中的每一个关节的活动幅度以及相关肌肉、韧带、肌腱等软组织的伸展能力。

对于柔韧素质的概念，可以从以下两个方面来进行理解。

第一，人体各个关节的活动受到人体骨骼与关节解剖结构的影响，这主要从关节活动的幅度受到限制表现出来。

第二，概念中所提及的有关肌肉、韧带、肌腱等的伸展能力主要指跨过关节的那一部分软组织的伸展能力。

（二）柔韧素质的分类

1. 一般柔韧素质与专项柔韧素质

根据柔韧素质与专项的关系，可将其分为一般柔韧素质和专项柔韧素质。

①一般柔韧素质：为了更好地满足一般技能发展的需要而应具备的柔韧能力。

②专项柔韧素质：为了满足一定强度的体育运动与训练需要而应具备的柔韧能力。

2. 静力性柔韧素质与动力性柔韧素质

从柔韧素质外部运动表现的状态来看，可将其分为静力性柔韧素质和动力性柔韧素质

①静力性柔韧素质：为了更好地满足静力性技术动作的相关需要，把肌肉、韧带、肌腱拉伸到技术动作所要求的位置、角度，并保持一定时间的能力。

②动力性柔韧素质：为了更好地满足动力性技术动作的具体需要，将肌肉、韧带、肌腱拉伸到解剖穴位上的最大控制范围，并通过记住与弹性回缩力来完成动作时所表现出来的能力。

3. 主动柔韧素质与被动柔韧素质

根据柔韧素质训练的完成表现，可将其划分为主动柔韧素质和被动柔韧素质。

①主动柔韧素质：运动员通过主动参与运动锻炼所表现出来的柔韧水平。

②被动柔韧素质：需要借助外力才能表现出来的柔韧水平。

（三）柔韧素质训练的基本要求

1. 坚持持久练习

虽然柔韧性发展较快，但停止训练后肌肉、韧带和肌腱已获得的伸展能力消退也快。因此，必须坚持不懈地进行练习，才能使已获得的柔韧性长久保持。

2. 兼顾相互联系的部位

柔韧训练不能仅针对某一个关节或某个部位，要注意各个部位的协调发展，尤其要重视颈、肩、腰、髋、膝和踝等主要关节和肌肉群的训练。因为有些技术动作涉及两个或更多关节和部位，如立位体前屈主要是训练腿部的柔韧性，但与脊柱、肩、髋部等关节的柔韧素质也有关。因此，要想有效提高训练者的柔韧素质，就要加强主要关节和相关肌肉群的训练，做到有主有从、主从结合。

3. 控制拉伸力度

训练前必须做热身活动，以减少肌肉的黏滞性。在拉伸肌肉的过程中，不宜用力过猛，也不能急于求成，肌肉拉伸时若产生紧绷感或有较强的疼痛感则应停止练习。被动拉伸时，施力者用力要循序渐进，并及时观察练习者的反应，以便合理地增力与减力，从而促进柔韧素质的发展。

4. 结合放松练习

每个伸展动作练完之后，应做相反方向的动作练习，这有助于伸展肌群放松和恢复。例如，压腿之后做几次屈膝练习；体前屈练习之后要做若干次挺腹与挺髋动作；向后振腰练习后再做几次体前屈或团身抱膝动作等。

第二节 高校体育训练的心理训练

一、体育训练对身心健康的影响

（一）体育训练是寻求心理健康的前提

借助体育运动，我们可以拥有健康的身体，健康的身体是心理健康的重要基础和前提。由此可见，体育训练深刻影响着心理健康。在高校，大部分学生会面临繁重的学习任务和就业压力，从而导致他们有着非常大的心理压力，进而出现烦躁、身心疲惫、精神萎靡不振等不良反应。学生通过体育训练可以释放压力、获得愉悦的心情、保持健康的心理状态。

（二）体育训练能促进心理健康的发展

所有运动员都应具备高尚的品质，如坚毅、勇敢、自律等。此外，运动员不管在哪种项目上都应该保持积极、乐观的心态以及愉悦的心情。在竞赛中，运动员不仅要努力战胜对手，还应该提高自身的竞技水平与能力，因此，学生在进行体育训练时，可以在自身心理水平的基础上实现自身心理承受能力的提升和自身抗压能力的提高，这样有助于学生在高强度的训练中保持较强的心理承受能力和抗压能力，进而游刃有余地应对各种困难与挑战，使身心保持健康。

（三）体育训练能锻炼学生良好的意志品质

体育训练是一个既艰辛和令人疲惫，又非常激烈和令人兴奋的高强度竞技过程。在参与体育训练的过程中，学生要保持奋斗状态，要拥有强烈的情绪起伏。得益于体育训练所具有的以上效果，学生可以在这个过程中培养自身坚韧不拔的意志、团结互助的精神和爱国主义精神，同时还能增强自身的责任感和集体荣誉感。

（四）体育训练能消除疲劳感

疲劳是一种广泛存在的症状和现象，其症状表现是综合性的。疲劳的产生与个体的身体和心理状态密切相关，当我们出现消极的情绪或者任务难度超过了个人能力的时候,就会感到身心疲劳。体育训练可以在很大程度上减少或者缓解身心疲劳。通过参加体育训练,学生可以提高身体的最大吸氧量和最大肌肉量,从而提高身体机能、强身健体。

(五)体育训练能推动学生发展自我意识

体育训练通常是团队活动或竞争活动,具有集体性、竞争性,体育训练可以体现出学生自身能力的强弱,显现出学生涵养的高低。在这个过程中,学生可以对自身有一个全面且真实的认知。只有对自我有正确的认识,才能在日常的训练中对自身以往认识不到的错误和缺点进行改正,从而学会自我改进和自我审视。

(六)体育训练能培养学生的人际交往能力

一般来说,善于交际的学生往往保持着高昂的兴致和愉悦的心情,对各种事情都充满好奇,对生活的点滴也都充满热情,尽情地享受着每一天,因此他们的生活总是轻松愉快的。而不善于交际的学生往往无精打采,缺少对生活的激情,对于这些学生而言,可以通过参与体育训练来改善这些问题。因为体育训练多是集体性质的运动,在训练过程中,难免会和教练、同学打交道,所以是能培养学生的人际交往能力的。

二、体育训练中多种心理教学方法

采用多种不同的教学方法进行体育训练,可以帮助学生找到最适合自己的方式进行锻炼,从而达到心理健康的目的。

(一)激趣法

兴趣是学生进行主动学习的最大动力,学生对于体育运动的兴趣源于他们在体育运动中获得的愉悦情感。鉴于此,在体育训练中,采用多样的教学方法,让学生感受到生动有趣的体育训练、感受到体育训练的快乐,是非常有必要的。

(二)沟通法

在教学中,教师应该积极参与学生运动,与学生交流,从而拉近师生之间的距离，建立良好的师生关系，学生只有在和谐的师生关系中才能愉悦地进行体育训练。

（三）互助法

教师在进行体育训练时，可以增加团队运动的安排与设计，这样可以使学生在参与训练的过程中体验团队合作，认识到相互合作、互相交流学习的重要性，从而培养学生的集体意识和团队意识。欢乐愉快的教学氛围有助于纠正学生不良的心理和行为。

（四）疏导法

当学生出现逆反心理的时候，教师不应指责学生，对于有逆反心理的学生而言，这种方式可能会更加激发学生的逆反心理和抵触心理，产生相反的效果。基于此，最好的方式就是与学生主动接触，加强与学生之间的情感联系，探究学生叛逆背后的原因，然后消除他们的不良情绪，有针对性地进行教学。

（五）竞赛法

教师在对比赛和训练进行设计的时候应该从学生的实际情况出发，对比赛的难度进行适当调整，以增强学生的挑战意识。在比赛中，学生可以挑战自我，战胜困难，最终获得胜利，体会到成功的喜悦。

（六）冷却法

有些叛逆的学生情绪波动比较大，如果遇到学生情绪激动的情况，教师应保持冷静和理性，以平常的态度进行分析并寻找解决方法。此外，教师应该重点关注这些学生，劝说学生冷静下来，避免加剧矛盾。

（七）温暖法

面对叛逆的学生，教师最需要做的就是关心和理解学生。教师对学生的关心和理解能够帮助学生调整自身的情绪，同时对学生提升自控能力也是非常有帮助的。如果学生在体育训练中遇到了困难，心里产生了畏惧情绪，那么教师应该及时给予关注和关怀，帮助他们树立信心、重拾勇气。

(八)鼓励表扬法

针对那些身体素质较弱或者体育能力不强的学生,当他们在体育训练中取得成绩时,不管成绩大小,教师都应当表达出对他们的赞许和肯定,以此促使他们发现自己的优势,帮助他们建立自信心。根据不同的学生情况制订个性化的目标,有利于学生在体育训练中体会到运动的乐趣。

总的来说,体育训练能让学生更好地认识自己的特点和能力,并对自己做出更客观的评价。学生也可以借助这种方式来更好地对自身的潜力进行挖掘,对自身提出合理要求,并且在体育训练中感知自我存在的价值,对自我意识进行纠正与提升。此外,通过参与体育训练,学生可以体会到与人交往的乐趣,积极融入社会、融入集体之中,这有利于提高学生的社交适应性,帮助学生建立和谐的人际关系,从而更好地适应社会生活。另外,学生通过参加体育训练可以培养稳定的情绪,提升思维能力,养成乐观、开朗的个性,这对于学生心理健康的发展与性格的养成有着积极意义,对于学校来说也有利于其紧随时代发展的步伐,实现全面化人才的培养。

三、高校体育心理训练策略研究

高校体育正在不断改革与发展,体育教育的理念已经发生了改变,"健康第一"的思想得到了广泛传播和贯彻。这里的健康不单指身体的健康,同时也指心理的健康。找到合适的心理训练策略是每一名从事高校体育教育工作的人面临的最重要的挑战。很多学生对高校体育教学中的身体训练感到枯燥和乏味,甚至会产生负面情绪和消极情绪。鉴于此,体育教师应该根据学生的具体情况,采用科学先进的教学手段和方法来调动学生的学习兴趣,将身体训练和心理训练融合不失为一个非常有效的方法。

(一)对体育教学融入心理训练的认识误区

1. 对训练效果产生怀疑

虽然许多教师知道有心理学这门学科,但他们缺乏实施心理训练的知识和技能以及操作方法,因此他们认为将心理训练融入体育教学中并不会有效果,反而会导致教师的教学负荷增加。这使得心理训练在高校中并未得到重视,心理学知识的普及程度也不高,最终导致学生的心理素质很难得到全面发展。

2.将心理训练等同于思想教育

不管是思想教育还是心理训练,在工作方式上都非常相似,都需要与学生进行沟通与交流,但是这并不能表明它们是等同的。也就是说一些教师认为心理训练就是思想教育的看法是错误的。在高校体育教学中开展心理训练的主要目的在于帮助学生解决心理上的问题与障碍、克服消极的情绪、让学生的情绪稳定性得到增强,同时使学生的自我控制能力得到提高,养成正确的认知方式,并基于此对自身的行为进行矫正,提高应对突发事件的能力。心理训练不是要对学生的世界观、人生观和道德观等观念进行纠正,而是要培养学生积极的心态,让学生拥有健康的人格,实现身心的健康发展。从本质上来讲,心理训练与思想教育有很大的不同,二者并非一个概念。

(二)高校体育训练与心理训练的融合途径

体育训练在高校体育教学中是一种常规训练方式,可以提高学生的身体素质、灵敏度和反应速度,实现生理机能的完善。此外,体育训练也有助于调节学生的情绪状态、锤炼其意志品质、提高学生的自信心和韧性。为了取得更好的体育训练效果,高校可以将体育训练与心理训练相融合,对此可以从以下几个方面来进行融合。

1.在体育训练中加入心理训练的内容

(1)团队精神训练

教师在对教学内容进行设计的时候,可以整合体育训练与心理训练的课程,将课程打造为具有竞争性的对抗课程,以便学生在参与的过程中增强竞争意识、培养团队合作精神。从实践活动中我们可以看到,学生在团队精神训练中会受到非常大的刺激,这些刺激会影响学生的心理,改变他们的行为。具备共同的目标是团队精神的主要特征,要想实现目标就需要形成合力。

(2)意志力训练

在设计教学方案时,教师可以有针对性地设置一些较为困难、具有较大运动量、需要付出较多时间和努力才能完成的训练项目，如3000米长跑等高强度的耐力训练。教师可以为这样的训练项目取一个鼓舞人心、富有激励性的名称，如"持之以恒""全力以赴"等，以此来增强学生的毅力和耐力，鼓励学生完成项目。教师在体育教学的过程中，应该立足于学生的不同之处，对学生进行有针对性的培养，训练学生的意志和品质。

（3）自信心训练

在训练中保持积极、乐观的态度非常重要，因此，教师应该在实施训练之前让学生保持这种态度，并给学生提供展现自我的机会，让他们在自我展现中增强自信。此外，教师应该在学生的身体运动技能方面进行针对性的训练，只有掌握了高超的技能，才能在运动中更加勇敢自信，特别是在一些具有高难度、较强技巧性以及较大危险性的训练项目中，保持自信尤为重要。

（4）抗挫折训练

对于学生而言，抵御挫折的能力至关重要，这也是现代学生心理健康所必须具备的能力之一。一个人对待挫折的态度与其抗挫折能力息息相关。教师在体育训练中应该对学生的抗挫折能力进行培养，让学生保持"抗挫"心态。教师在教学中可以设计一个名为"直面批评"的训练环节，这个环节主要是对体育训练进行阶段性的总结，让学生对其他同学在训练中的不足与缺点进行点评。在实施这项活动的时候，不管是讲评者，还是被批评者都应该遵循一定的原则。评价的内容必须客观、有根据，被批评的人必须以坦诚和谦虚的态度接受其他同学的评价，面对自己的不足要积极改进，以实现共同进步的目标。

2.在体育训练中运用心理学原理

在高校体育训练中，心理训练是至关重要的，它有助于培养学生的心理素质和维护心理健康，教师应充分认识到这一点。为了提高体育训练效果，在体育训练中需要遵循心理学规律和掌握心理学的科学原理。例如，在进行长跑训练时，由于这一训练项目体量较大，并且训练的条件也较为艰苦，因此许多学生会感到胆怯或厌烦。因此，体育教师应该采取有效的引导方式，将训练的最终目标分解成多个可行、具体的小目标，帮助学生逐步增强信心并完成训练任务。当学生处于疲劳的极限时，教师可以采用鼓舞人心的措辞，增强学生的信心。教师还可以指导学生进行自我暗示。例如，在感受到身体已经达到极限时，学生可以对自己进行暗示，如对自己说"我能行""我能克服困难"等。为了更好地运用心理学原理，体育教师应该将心理学知识普及给学生，从而培养学生的自我调节能力。

3. 在体育训练中增加心理活动小游戏

心理活动小游戏可以安排在每次完成一项体育训练内容后，或者穿插在训练中学生出现疲劳、心情低落等情况下。因为游戏具有趣味性的特点，在上述情况下开展游戏，可以活跃课堂氛围，缓解学生的精神疲劳。同时，学生通过积极参加游戏，还能培养自身的团队协作能力和人际交往能力，从而增强班级的凝聚力。

第六章 高校体育运动项目的训练

本章主要针对三个方面进行了论述,分别为球类运动项目的训练、田径运动项目的训练以及形体塑身类运动项目的训练。

第一节 球类运动项目的训练

一、球类运动的概念与特点

(一)球类运动的概念

在体育运动项目的分类中,比较显著的一类就是球类运动,它是一些运动项目的总称,包括足球运动、篮球运动、排球运动、乒乓球运动、羽毛球运动与网球运动等。球类运动作为综合性较强的一项体育运动项目,对参加者有一定的要求,需要他们在具备良好基本运动能力的同时,还要对球类运动各项项目的专门技术与战术熟练地掌握并应用。

(二)球类运动的特点

球类运动一般具有以下特点。

1. 趣味性特点

球类运动,顾名思义,其练习活动的开展需要对"球"这一器材进行使用。因此,球类运动具有趣味性的特点,能使运动者在运动中体会到乐趣。

2. 观赏性特点

在球类运动的高水平比赛中,有着激烈的、紧张的、异彩纷呈的、跌宕起伏的情节，观赏性十足。而人们关注的焦点不仅是球队的整体战略技术，还有球类运动员高水平的技能与技巧，因此可以说，球类运动比赛的观赏性能够给人带来艺术的享受与体验。

3. 锻炼性特点

练习者在参与球类运动的过程中，使用科学的锻炼方法，不仅能够增强身体素质，还能够促进身心健康发展。

4. 广泛性特点

球类运动因其显著的特点，一直以来都受到人们的广泛追捧。随着体育运动的不断发展，人们对体育健身的思想观念逐渐加深了认识，同时，很多种球类运动项目已经成为全球化的体育运动项目。例如，足球运动被人们称作世界第一运动。由于球类运动不限制参与者的年龄，无论是青年人还是老年人都能够参与，因此球类运动在人们生活中发挥的作用也越来越重要。

二、不同球类运动项目的体育训练

（一）篮球运动训练

1. 篮球运动训练的原则

篮球运动训练需要遵循一定的原则，以便积极引导运动员进行科学合理的训练。具体来说，主要有以下几个方面。

（1）自觉性与积极性的原则

在篮球运动训练过程中，处于首要地位的是思想政治教育。因为只有运动员具有良好的思想政治觉悟，才能够保证运动训练有效地进行，才有可能取得理想的运动训练效果。因此，一定要对此加以重视。

另外，运动员参与篮球运动训练的积极性也是不可忽视的重要方面。教练要通过各种方式和途径，将运动员参与训练的自觉性与积极性充分调动起来，使运动员能够从更深层次上认识和理解篮球运动，并自觉主动地参与其中，积极地进行训练，从而使训练任务高效完成。

（2）全队训练与个人训练相结合的原则

在篮球运动训练过程中，教练往往会根据人数将训练的形式分为两种：一种是单人的训练，即个人训练；另一种是以整体形式进行的全队训练。可以说，全队训练就是个人训练的不同组合与实践。具体来说，由于每个运动员都具有显著的个体特征，再加上不同位置有不同的分工和职能，对运动员的要求也会有所差别，因此在运动训练过程中，教练要以运动员的个人特点为主要依据，并且在实践过程中保证训练的科学性、合理性和针对性。

（3）一般训练与专项训练相结合的原则

一般训练就是使运动员的整体素养和技能都得到普遍提升的训练方式；专项训练就是针对某一运动项目进行的针对性训练。比如，篮球运动训练就是针对篮球运动而进行的。在篮球运动训练的过程中，教练一定要以运动的专项特点、运动员的训练水平和不同训练阶段的任务为主要依据，将一般训练和专项训练有机结合起来，促进其协调发展。

（4）训练与比赛相结合的原则

在篮球运动训练过程中，所有的训练都是为比赛服务的，所以必须以比赛的需要为依据来进行相应的训练。因此，将训练与比赛有机结合起来是有着非常重要的实践意义的。具体来说，训练与比赛相结合能够将训练过程中出现的问题找出来并加以解决，这对篮球运动技术、战术水平的提高具有积极的促进作用。

（5）合理安排运动负荷的原则

在篮球训练过程中，首先要以训练任务和运动员水平及每个练习的目的、要求为主要依据来合理安排运动负荷，从而使运动负荷得到有效提高，直至达到最大负荷要求。另外，需要强调的是，在训练过程中，运动负荷的提高是需要一个过程的，具体为加大—适应—再加大—再适应。

2. 篮球运动训练的方法

篮球运动训练必须借助一定的方法，只有这样，才能够保证篮球运动训练的顺利进行和取得理想的训练效果。具体来说，常用的篮球运动训练方法主要有以下几种。

（1）重复训练法

在相对固定的条件下，对某种动作采用同一运动负荷和相同的间歇时间进行多次练习的方法就是重复训练法。重复训练法大致分为两种形式：一种是定点、定距离连续跳起、投篮若干次的连续重复训练；另一种是以连续跳投20次为一组，间隔1分钟再投，如此练习若干次的间歇训练。

一般来说，不同的重复次数会对身体产生不同的作用，在巩固机能方面也是有所差别的。具体来说，体育教师要以学生所能承受的运动负荷量和完成动作所需的练习量为主要依据来确定重复次数。

（2）间歇训练法

重复练习之间按严格规定的间歇时间休息后再进行练习的方法就是间歇训练法。在篮球运动训练中，假如篮球训练的总时间是48分钟，分为上半场和下半场，每个半场又分成两节，那么，这对运动员在快节奏中进行运动训练的能力提出了很高的要求。这时就需要教练合理设置间歇时间，以调整运动员的身体状况，避免损伤。一般来说，训练的目的、训练的强度、运动员的训练水平和身体状况等都会在一定程度上决定训练中的间歇时间。

（3）循环训练法

循环训练法实际上就是以训练的具体任务为主要依据，把预先设计的多项活动内容分成若干个"站"，让队员按照一定顺序一站一站地、循环往复地进行练习的方法。从某种意义上来说，循环训练法就是一种将重复法、间歇法等一系列练习方法综合起来的方法，它根据学生自身的负荷指标来逐渐提高负荷量，最终达到有效增强体质的目的。

循环训练法具有非常重要的作用，主要体现在运动员肌力、心肺功能的增强，以及身体素质的发展和提升上。

（4）变换训练法

在训练过程中，根据特定的目的对练习负荷、动作组合，以及练习环境、条件等加以变换，以此来进行训练的方法就是变换训练法。由于变换训练法涉及的因素比较多，因此它的具体形式是多种多样的。其中，变换动作要求、变换动作形式、变换动作组合、变换运动量、变换训练器材、变换训练环境等是最为常见的几种。

变换训练法大致分为两种类型：一种是连续变换训练法，另一种是间歇变换训练法。在篮球运动训练中运用变换训练法，往往能够使运动员的中枢神经系统的协调性和肌体调节的灵活性得到有效改善。

（5）模拟训练法

通常情况下，篮球比赛前的训练会运用模拟训练法。具体来说，这种训练方法就是用一种模型去模拟另一种系统，并借助此模型，通过训练实践进行方案比较的一种"逐次逼近"最佳化的训练方法。

（6）比赛训练法

比赛训练法实际上就是组织竞争性的、有胜负结果的、以最大强度完成练习的一种训练方法。比赛训练法的训练形式丰富多样，其中教学比赛、检查性比赛、适应性比赛是三种比较常见的形式。通过比赛，运动员的篮球技术、战术和意识都能得到有效提升；运动员的积极性、斗志能够得到有效调动和充分激发，促使其保持积极向上、克服困难的态度。这对于最终取得理想比赛成绩是非常有利的。

（7）心理训练法

心理训练法是指通过运用心理学手段，使运动员的心理素质和运动成绩得到有效提升的训练方法。心理训练法的具体形式多种多样，其中运动的表象训练法、想象训练法、语言暗示训练法、放松训练法和生物反馈训练法是较为常见的几种形式，训练时要根据实际情况来有针对性地加以选用。

（二）足球运动训练

1. 足球训练的原则

（1）趣味性原则

在高校足球运动训练中，趣味性原则是营造良好训练氛围和调整运动员训练心态的关键。由于受运动训练的枯燥和高强度的影响，许多高校足球运动员会出现运动训练的心理疲劳，以及训练注意力不集中、训练积极性不高，甚至厌烦训练等情况，这些情况会对足球运动训练效果产生非常不利的影响。因此，高校足球运动训练要遵守趣味性原则，尽量采用多样化的训练形式来提高足球运动员的训练积极性和自觉性，使其能够始终保持积极的态度进行足球训练。

（2）系统性原则

在高校足球训练中，无论是技术、战术上的能力还是体能上的发展，都需要从简到繁、由易到难、循序渐进，这样才能得到有效的提高和发展。运动员也只有通过系统的足球训练，才能有效地完成训练任务。在清晰的训练目标下，运动员离目标越近，其训练的信心、动力和成就感就会越强。

（3）重复性原则

高校足球运动技能的学习需要运动员进行长期的重复性练习，才能实现从量变到质变。足球运动员只有不断地重复训练，才能形成良好的动力定型。因此，遵循训练的重复性原则是运动员提高自身足球运动技能的重要途径。

（4）细节性原则

在足球运动训练中，注意训练细节是运动员顺利完成训练任务的重要保障。在制订足球训练计划时，教练不仅要对训练内容进行认真分析，并将计划细化为训练的实施细则，还要注意对训练的细节进行严格细致的要求。在训练实践中，运动员要认真贯彻、一丝不苟地执行训练计划。

（5）个体差异性原则

每一个足球运动员无论是技术水平还是身体素质，都会存在一定的差异，因此在进行足球运动训练时，必须遵循个体差异性原则。教练要根据训练对象的个体差异，有区别地安排训练内容和运动负荷。比如，对于能力强或者有天赋的足球运动员，要充分挖掘他们的潜力，但也不能忽视其他运动员，在训练和比赛中要做到对待所有运动员都一视同仁、公平对待。

（6）练赛结合原则

在进行足球运动训练时，运动员一定要遵循练赛结合的原则。要将自己训练的内容、形式和要求尽可能地与足球比赛的实际情况保持一致，使训练最大限度地接近比赛，再通过比赛来对训练的成果进行检验，发现其中存在的问题，并在今后的训练中予以解决。

2.足球训练的方法

在足球训练中，常用的一般性方法主要有重复训练法、循环训练法、间歇训练法、变换训练法、比赛训练法、心理训练法、模拟训练法、综合训练法等。

（1）重复训练法

在足球训练实践中，重复训练法主要是通过同一动作或同组动作的多次重复来不断强化运动员的运动条件反射。关于重复训练法，可以根据不同的分类标准将其分为以下两大类。

①按练习时间长短进行分类，重复训练方法可分为短时间（不足30秒）重复训练方法（主要用于训练各种基本技术、高难技术的组合练习，以及有关速度素质和力量素质的发展）、中时间（30秒~2分钟）重复训练方法（主要用于整套技术动作的练习）和长时间（2~5分钟）重复训练方法。

②按训练间歇方式进行分类，重复训练法可以分为连续重复训练法和间歇训练法。重复次数的不同，对身体的作用不同，对巩固机能的作用也不同。

足球训练实践证明，重复训练法有利于运动员掌握和巩固技术动作，使机体产生较强的适应机制，有利于发展和提高足球运动员的技术水平、机体机能。

（2）循环训练法

循环训练法要求参与足球训练的运动员根据具体的足球训练任务，进行循环往复式的练习。一般情况下，开始时先练一个循环，过2~3周再增加一个循环，逐渐增加到3~4个循环，但最多不得超过5个循环。一次循环中应包括6~14个不同的练习，每个练习的间歇时间为45~60秒，每个循环的间歇时间为2~3分钟。该方法对刚刚参与足球训练的运动员较为适用。概括来讲，循环训练法的作用主要表现在以下三个方面。

①循环训练法有利于增强运动员的肌力，增强他们的心肺功能，提高身体素质。

②循环训练法可消除训练过程中的枯燥感，机体肌肉的局部负担不重，不易疲劳，可以调动运动员的运动积极性。

③循环训练法可以因人而异地区别对待和解决负荷量的问题，避免运动员出现过度紧张的情况。

在足球训练中，要科学实施循环训练法，要求训练应突出重点，因人而异地确定循环训练的负荷。例如，赛前训练要以套路训练为主，以基本功和基本动作训练为辅，而素质训练只能因人而异，同时还要防止因局部疲劳积累而产生劳损。

此外，在训练过程中，应根据阶段训练任务的变更及时进行调整或变换训练策略。

（3）间歇训练法

训练中的间歇时间取决于训练的目的、训练的强度、运动员的训练水平和身体状况。间歇训练法由五个基本要素构成，分别是每次练习的数量、每次练习的负荷强度、重复次数（组）、间歇时间和休息方式。

在超量负荷原理的指导下，足球训练可通过提高每次练习的强度、增加练习的重复次数和调整间歇时间来进行训练。在规定间歇时间上必须做到科学、合理，训练负荷要小于足球运动员所能承受的最大负荷，过大或过小都不利于良好训练效果的取得。需要注意的是，参与足球训练的运动员必须在机体尚未完全恢复时就进行下一次练习。

运动员采用间歇训练法参与足球运动训练，不仅能有效提高呼吸机能，提高机体糖酵解能力和耐乳酸能力，还能在练习期间及中间间歇期间使自己的心率保持在最佳范围之内，进而改善心率功能。

（4）变换训练法

在足球训练中，变换训练法有着非常广泛的应用，如变换动作要求（动作速度、幅度、距离等）、变换动作形式（原地传球、跑动中传球）、变换动作组合（原地接球射门、跑动中接球射门）、变换运动量（同一训练时间不断增加运动量或强度，或运动量时大时小）、变换训练器材（用小球门等）、变换训练环境（室内、露天、气候变化、高原训练）等。

（5）比赛训练法

比赛训练法对于运动员参与足球训练的意义主要体现在两个方面：第一，比赛训练法能结合实战提高运动员的足球技术、战术、身体训练水平和心理素质；第二，比赛训练法能够调动运动员参与足球训练和比赛的积极性，可以激发他们的胜负欲，促使其积极向上、克服困难，从而创造优异的运动比赛成绩。

（6）心理训练法

心理训练与传统的身体训练、技术训练、战术训练和人格修炼相结合，构成了运动员足球训练的完整体系。在进行心理训练时，注意采用合适的训练形式、内容、策略等，以免对足球运动员的心理造成伤害。同时，还要注意根据每个运动员的个性特征进行合理的训练。

（7）模拟训练法

在足球训练中，模拟训练法主要适用于赛前训练。通过赛前训练，足球运动员能够发现训练中存在的问题及不足，从而进行改进和弥补，最终在赛场上发挥出最好的水平。

（8）综合训练法

综合训练法是指把重复训练、循环训练、变换训练等各种训练法结合起来运用的一种综合性训练方法。在足球训练中，各种训练方法并不是单一存在和使用的，因此综合训练法的应用比较普遍。

综合训练法可灵活地调节足球运动员的训练负荷与休息时间，使其更全面地达到训练要求，从而有效地发展运动员的运动素质，提高其足球运动技术水平。

随着科学技术的进步，高校足球运动训练方法不断推陈出新。目前，借助新的科学理论（如系统论、控制论、信息论等），运用新的模式的训练方法被不断提出，并在足球运动训练实践中得到了有效应用。

第二节　田径运动项目的训练

一、田径运动的特点

（一）技能基础性强

田径运动技能基础性强主要表现在两个方面。一方面，田径运动的技能基础是人体基本技能的竞技形式。具体来说，田径运动起源于人类的日常生产生活，是由人类的日常生产生活和劳动的基本技能（如走、跑、跳、投等）发展而来的。可以说，田径运动包含的基本运动技能正是人类得以生存的重要技能，是人体活动最基本、最普遍、最自然的形式。另一方面，田径运动的各项运动技能是其他体育竞技运动的基础。田径运动历史悠久，是人类进行其他运动项目的基础。就运动形式和内容来看，在现代体育竞技运动中，任何一个体育运动项目的任何一种运动形式的存在几乎都离不开跑、跳、投等基本的田径运动动作。田径运动的各项技能能有效、全面地发展运动者的身体素质，这也是很多竞技运动把田径运动作为训练手段的重要原因之一。

（二）群众基础广泛

田径运动作为一种基本运动技能，具有广泛的群众基础，深受人们喜欢。田径运动群众基础广泛的原因主要包括以下几个方面。

1. 可选择项目多

田径运动内容丰富，可供运动者选择的运动项目众多，运动者可根据自己的年龄、性别、爱好、特点、身体素质、运动能力等选择适合自己的田径运动项目进行练习。

2. 参与性强

田径运动可选择项目较多的特点决定了田径运动具有较强的参与性。一方面，不同年龄和性别的人、不同身体状况和健康水平的人，都可以选择参加相应的田径运动。另一方面，田径运动中的任何一个项目在练习过程中均可采用不同大小的运动负荷强度，运动者不易受到伤害，这更增强了田径运动的参与性。

3. 受限制条件少

①受场地条件限制少。在田径运动中，许多项目都没有太多的条件限制，以跑类项目为例，运动者在公路、田野、广场、公园、草地、沙滩等地方，都可以进行田径健身和锻炼。

②受器械条件限制少。一些田径运动的器材设备要求简单、易操作，利于开展。

③受天气条件限制少。田径运动受天气影响较小，只要不是过于恶劣的天气，均可以开展不同形式的田径运动。

④受技术条件限制少。和其他运动项目相比，田径运动的训练不需要运动者具备较高的技术基础。

⑤受时间条件限制少。田径运动受时间影响小，运动者可以在早上、中午、傍晚等任何闲暇时间开展田径运动，一年四季都可以进行锻炼。

（三）比赛项目多

田径运动的比赛项目众多，是奥林匹克运动会中的大项，历来是各国争夺金牌的重点项目。田径比赛项目可以分为很多单项，是所有大型运动会中比赛项目最多、参赛运动员最多的项目。在奥运会比赛中，田径运动是"金牌大户"，有人用"得田径者得天下"来形容田径运动在奥运会中所占的位置。例如，在2008年北京奥运会中，田径比赛共设47个小项，分田赛、径赛、全能三个大类，其金牌分布情况是田赛16枚、径赛29枚、全能2枚。

（四）技术要求严格

田径运动的动作并不复杂，但对技术要求很高。就竞技田径运动来讲，田径运动对技术要求极为严格，要求运动员在运动训练中必须掌握科学、合理的技术。从田径运动各项目的动作结构来看，田径运动具有周期性、非周期性和混合性动作的结构特点。不同动作结构类别的运动项目，其技术特点和要求是不同的；即使是同一动作结构类别的运动，也有着区别于其他运动的特点。

（五）比赛竞争激烈

田径运动比赛的项目多，竞争激烈，运动员往往要把身体的潜能发挥到极限，才能获得好的名次。例如，田径运动中的短跑运动项目，许多运动员之间的差距可能只在1秒之间。想要突破这1秒，往往需要运动员达到极限、发挥全部潜能。此外，在高水平的田径运动比赛中，还会在比技术的基础上比心理、比战术，竞争性更强。

（六）追求自我超越

竞技田径运动所设的各个小项，如跑、跳、投等各类项目，与"更快、更高、更强、更团结"的奥林匹克运动格言不谋而合，充分反映了田径运动追求自我超越的特点。在赛场上，田径运动追求自我超越的特点主要表现在比赛中，即不同运动员之间的激烈竞争。

从文化意义上讲，现代田径运动以满足个体发展为基本目标，表现出"追求时间上更快、空间上更高、精神上更强"的特殊文化性。田径运动通过对生物人的改造达到对社会人的塑造目的，从而影响社会生活。因此，田径运动具有很大的文化创造性，并且对促进社会文明的发展具有重要的影响。

二、田径运动训练的原则

运动员进行田径运动训练需要遵循一定的原则，如此才能保证训练的科学性。这样不仅能避免运动损伤，而且有利于提高训练水平。

（一）全面性原则

全面性原则是指运动员在提高运动技能的前提下，应全面、充分地发展肌体的各项运动素质，提高一般身体机能水平，以促进专项成绩的全面提高。田径运动员在运动训练的过程中一定要遵循全面性原则。

全面性原则的依据主要有以下几点：

第一，全面发展的运动素质和全面提高的身体机能能力，是运动员具备高运动水平以及更好地实现训练量的基本前提和基础。

第二，人体各器官系统之间是相互依赖的，在田径运动过程中人体发生的各种变化是相互依存的。全面发展运动员的各项运动素质有助于运动员运动素质之间的良性迁移，有利于运动员身体机能的提升，从而使运动员的田径技术、战术得到全面发展。

第三，运动素质和运动技能的转移需要一定的基础条件，运动员参与田径运动必须具备一定的田径专项运动素质和技能，而田径专项运动素质和技能需要建立在一般运动素质的基础上。只有全面发展运动员的一般运动素质才能创造这种条件和可能，进而促进运动员训练水平的提高。

（二）系统性原则

整个田径运动训练是一个系统的运动过程，田径运动员在训练中要遵循系统性原则。系统性原则是指运动员开始从事田径训练活动，到掌握和提高田径运动技能，再到将田径运动训练作为终身体育训练内容，都应按照体能发展的内在规律持续不断地训练。

遵循系统性原则要求田径运动员在训练过程中做到以下几点：

第一，系统规划整个田径训练过程，对多年训练计划、训练的不同发展阶段，从内容、比重、手段、负荷等方面做出系统的安排，尤其是在青少年时期以及达到较高田径运动水平之后更应周密考虑。

第二，田径运动员的运动素质在不同年龄阶段具有一定的不均衡性，青少年时期运动员的运动素质会表现出发展的"敏感期"。在此时期，运动员应重视和把握有利时机，促使自身的运动素质得到最大限度的良好发展，充分挖掘其潜力，为之后的训练活动奠定必要的运动素质基础。

（三）持续性原则

持续性原则是田径运动员在训练中必须遵守的基本原则之一，这是因为训练效果的实现是建立在系统的、不间断的多年训练基础之上的。运动员只有通过多次重复练习才能逐渐掌握、熟练和巩固运动技术，身体素质也只有通过多次重复练习才能逐步发展，训练目标也是在这种不间断的训练中实现的。

（四）周期性原则

田径运动训练是一个长期的过程。通常情况下，田径运动训练以年为最长时间单位，运动员还可以结合自身情况安排季度训练计划、月训练计划、周训练计划等。

在以年为周期的训练过程中，训练活动将以周期性的形式循环进行。在此过程中，运动员的思想水平、身体素质、技术水平和田径基本理论知识等方面都会逐步得到提高。

在田径运动训练过程中，周期性原则应和持续性原则结合起来，只有长期坚持系统性、持续性、周期性的训练，才能不断巩固运动员训练的成果。

（五）科学安排负荷原则

科学安排负荷原则是指在运动训练过程中，根据训练任务和训练对象，逐步地、有节奏地加大运动负荷，直至最大限度。

田径运动员为了提高运动水平、获得理想的训练效果必须在训练中重复练习，并逐渐提高运动要求、不断增加运动负荷，直至把运动负荷提高到机体所能承受或最适宜的限度，这样才能更好地完成训练任务。

但是，在田径运动训练中，训练效果并不是靠一味地加大运动负荷来实现的。运动负荷并非越大越好，而是要从不同时期的训练目标和不同运动员的运动水平出发，以运动员身体健康状况和机能能力提高程度为依据，逐步增加，不断提高运动员的适应能力和运动水平，进而达到训练的目的。大量的运动实践表明，有节奏的波浪式增加运动负荷的方法是比较科学的，即运动负荷的增加按照适应—加大—再适应—再加大的规律进行，同时，运动过程中要做到负荷大、中、小结合，并突出各运动项目的专项特点，对练习的远度、高度、距离、时间和次数都要提出适当要求，尤其是高强度的训练后要安排适当的休息，以免对身体造成不必要的伤害。

三、田径运动训练的主要内容与方法

（一）田径运动训练的主要内容

一般来说，田径运动训练的内容主要取决于运动员竞技能力的构成因素。具体来说，田径运动训练主要包括身体训练、心理训练、技术训练和战术训练几个方面。

1. 身体训练

身体训练就是发展运动员速度、力量、耐力、灵敏度和柔韧性等各方面身体素质的训练。一般而言，田径运动员的身体训练可以分为两种类型：一种是一般身体训练；另一种是专项身体训练。一般身体训练主要为专项身体训练奠定基础，因为一般身体训练主要是提升运动员的身体素质与健康水平，另外该训练还会增强运动员各器官系统的机能能力。专项身体训练的主要目的是提高运动员的身体素质，便于他们更好地掌握专项技术，以求在比赛中取得更好的成绩。

2. 心理训练

使运动员在心理上适应训练和比赛的训练称为心理训练。心理训练的主要任务在于促进运动员形成良好的心理状态，具体而言，主要是培养运动员形成良好的感觉、知觉、表象、注意力、记忆、想象、思维、情绪、意志力、能力、气质和性格等。

3. 技术训练

技术是完成动作的方法。技术训练的目的是学习和掌握先进的运动技术，以便充分发挥身体机能并创造优异的运动成绩。

先进的田径运动技术的特点主要体现在：第一，技术与运动生物力学规律相符；第二，技术具有个人特点；第三，技术具有时代性。

4. 战术训练

战术是指运动员在比赛中为战胜对手，取得比赛胜利而采取的各种策略和手段。在田径运动中，战术训练主要运用于团队作战中，如接力跑比赛等。一般来说，战术主要由战术意识、战术指导思想、战术知识、战术形式和战术行动等内容构成。

（二）田径运动训练的常用方法

1. 重复训练法

在田径运动训练中，重复训练法是一种最常用的训练方法，对培养运动员的身体素质、基本运动能力都具有积极的作用。

重复训练法对两次练习之间的间歇时间没有严格的规定，通常在运动员得到充分恢复后再进行下一次的练习。运动员在田径运动训练期间运用重复训练法时要注意以下几点。

①注意以下两种情况。第一，要严格按照田径运动的技术规范进行练习，要有一定的重复次数，但对负荷强度不作过高的要求。第二，要逐步提高训练的体量和负荷强度，以锻炼运动员在较困难的条件下还能保证技术的正确性、熟练性的能力。

②在进行身体训练时，应采取简单有效的训练手段，训练的负荷强度要根据运动员的实际情况进行安排。在各项练习之间应安排较充分的休息时间以促使运动员身体机能尽快恢复。

③明确训练的最终目的，提高运动员训练的积极性。运用重复训练法进行训

练时，应灵活地结合一些比赛或游戏活动，以提高运动员重复练习的兴趣，从而提高训练的效果。

2. 间歇训练法

间歇训练法可分为慢速间歇训练法和快速间歇训练法。这两种训练方法都能有效提高呼吸和心血管系统的功能。

①慢速间歇训练法。练习强度不大（30%～50%），可用于发展有氧耐力和局部肌肉耐力。

②快速间歇训练法。练习强度较大（50%～80%），多用于100米至400米的重复跑，主要用于发展无氧耐力、速度力量和速度耐力。

运动员在运用间歇训练法进行田径运动训练时要注意以下几个问题。

①要根据训练的任务合理制订间歇训练的方案。要注意训练的体量、负荷强度、重复次数、间歇时间及休息方式的有机统一。

②运用间歇训练法训练一段时间后，运动员对训练有了适应和提高，才能根据训练任务和具体情况，适时地进行调节变换。

③间歇训练时的休息方式应以轻微活动为主，这样可以加速血液循环，帮助排除人体代谢产生的废物。

3. 循环训练法

循环训练法既可用于运动员的身体训练，也可用于技术和战术训练。在采用循环训练法进行训练时要特别注意以下几个方面。

（1）根据训练目标确定各站的内容与数量

训练的内容应是运动员已基本掌握的、有目的的、突出的重点。站的数量一般以7～10个为宜，循环一周的时间为5～20分钟，各站之间的间歇时间为15～20秒。休息方式一般为中度或轻度的积极性休息。

（2）训练负荷的确定要因人而异

训练负荷的确定要将每站练习的数量、强度、间歇时间、循环次数等加以综合考虑。每站的负荷一般为受训练者所能承担最大负荷的1/3～1/2，循环一周的时间为5～20分钟，各站之间的间歇时间一般为15～20秒。

（3）组合和变换循环练习的形式

适时变换循环练习的形式有助于提高运动员练习的积极性。教练可根据运动员的不同训练情况，安排各种形式的循环练习，如流水式、轮换式、分配式等。

4. 持续训练法

持续训练法是指在相对较长的时间内，持续不断地进行较稳定的、强度不大的练习方法。此种训练方法通常用于发展一般耐力和有氧耐力，运动员在运用持续训练法进行田径运动训练时要注意以下几点。

（1）负荷强度不应太大

持续训练的时间较长、练习量较大，因此练习时所采用的负荷强度不应太大。一般情况下，持续训练的心率最好控制在130~160次/分钟，主要用于发展一般耐力。若要提高专项耐力，则可以提高负荷强度，并持续一定的时间。

（2）宜采用中小强度

在训练期或休整期，宜采用中小强度进行持续训练，便于发展或保持一般耐力水平。在田径运动训练实践中，运动员要灵活地、创造性地加以运用和调整。

5. 极限训练法

极限训练法也是田径运动训练时常采用的方法，它对运动员的专项素质有着很好的提高作用。极限训练法通常采用高密度、大强度、长时间的训练内容进行专项训练，并且对训练的质量提出了很高的要求。另外，在采用极限训练法进行训练时，教练应注意运动负荷安排的合理性，既不能过大也不能过小，过大可能导致运动员机体的损伤，过小则难以达到训练的效果。

第三节 形体塑身类运动项目的训练

一、形体塑身运动的基本认知

（一）形体塑身运动的概念

形体塑身运动是以身体练习为基本手段，以塑造体形、培养姿态、改善气质、增进健康为目的，运用专门的动作姿势和方法进行锻炼的一项新兴体育项目。

形体塑身运动以塑造优美形体为主要特点。形体美的内容很广泛，包括体形美、姿态美、动作美和气质美。形体塑身运动以"健康、力量、美丽"为目标。在塑身运动中，无论是形体训练、体育舞蹈，还是健美运动、健美操，处处都表现出"健、力、美"的特征。

（二）正确的审美观念

审美是美学的一部分，也是美育的一部分。审美观念是对人的形体客观存在的评价，它涉及每一个形体的本质特性和普遍规律。

1. 古代审美观念

在古代，人们为了在大自然中生存下来，需要强健的体魄，那时人们所描绘的美男子大多是虎背熊腰、彪形大汉；美女形象是体态丰腴、高大而壮实。

随着时代的变迁和阶级差别的加大，统治阶级锦衣玉食、养尊处优的生活方式导致他们的审美观念逐渐趋于畸形化、病态化。早在春秋时代，楚国女性还曾以"三道弯"为美。《后汉书》中说："楚王好细腰，宫中多饿死。"宫人为了求媚于楚王，自愿减食忍饥、软带束腰。

古希腊的人体审美观念更具魅力。古希腊雕塑家米隆创作的"掷铁饼者"把古希腊男性人体美的强健、彪悍展现得淋漓尽致。女子也不例外，维纳斯女神像便是女性美的化身。

2. 现代审美观念

随着科技的进步、时代的发展，人们越来越把自然美与社会美结合起来，使塑身锻炼更加自然化、科学化。世界女子健美冠军比萨里昂认为："现代女性美绝不是苗条、柔软、纤细和病态，而是结实精干、肌肉强健，富有区别于男性的曲线美，既不失女性的妩媚，又能担起生活的重担和社会责任。"[①] 整体来说，现代女性美以"健美匀称"为标准；现代男性美以"结实健硕"为标准。

从美学角度看，美既是一种自然现象，又是一种精神现象；既有表露成分，又有内隐成分。

---

① 魏欣. 中医美容与食疗[M]. 兰州：甘肃科学技术出版社，2010.

人们常用丰满圆滑、曲线优美来形容健美的女性；用体格魁梧、肌肉壮实来形容健美的男性。正确的审美观念是人的形体美在主观上的正确反映。因此，美与丑必须有一定的客观基础和标准，而且要受到社会实践的检验，而不是主观的、随意的。健美的人既要有形体美，又要有姿势美、动作美和风度美，四者应该是有机完美的结合。只有在这种审美观念的指导下，形体美才能在自然的基础上，通过健美锻炼和形体训练等运动更加和谐健康地发展。

（三）塑身运动对健康的作用

塑身运动除具有锻炼身体、增强体质等与其他体育项目相同的作用外，还具有独特的作用。

1. 塑造健美形体，提升优雅气质

健美主要关注的是人体的形体美，也就是人体外形的匀称、和谐。形体美由人体的各方面决定，如身高、体重、身体各部位的长度、围度、比例等。经过形体和健身训练，我们可以增强身体骨骼的稳定性和强度、提高肌肉含量，从而改善我们的身姿和体态，甚至弥补天生的体型缺陷，使身形更具匀称美和健康美。进行塑身运动有助于消除身体多余脂肪并调节身体的代谢速率，使人保持优美的身材和体型。由于塑身运动中所要求的动作和姿势，与我们在日常生活中的动作和姿势有所差异，因此，通过塑身运动不仅可以调整身体姿态，展现出优美的动作，还可以提升个人气质和修养，让人由内而外散发出自信、健康、积极的状态。

2. 调节心理活动，陶冶美好情操

人的心理活动的本质是大脑对外界客观事物的反映。塑身运动可转移人的注意力，使人忘掉失意和压抑，尽情享受塑身运动带来的欢乐，使人内心得到安宁；塑身运动还可以有效改善人体的体型体态，使女子变得体态丰满、线条优美、明朗多姿、秀丽动人，从而使人的心理产生一种满足感、幸福感。塑身运动中的大部分项目是在音乐伴奏下进行的，练习者在这种欢乐的气氛中进行锻炼，能够心情愉悦、精神放松，从而使他们的情操得到陶冶、身心得到全面协调的发展。

3. 强身健体，防治疾病

塑身运动的形式多样，运动量可大可小、容易控制，对场地器材的要求也不高，不同年龄、不同性别、不同身体素质、不同技术水平的人，只要找到适合自己的方式进行锻炼，都能达到健身的效果。此外，塑身运动还是一种医疗保健的理想手段。研究证明，长期的精神压力不仅会引起各种心理疾病，还会引起躯体疾病。塑身运动可以缓解精神压力，预防各种身心疾病的发生。只要控制好运动范围和运动量，塑身运动就能在预防损伤的基础上，达到科学保健的目的。

二、不同形体塑身运动项目的训练

（一）瑜伽训练

1. 瑜伽训练的概念与作用

瑜伽源自古印度，是一种有着悠久历史的健身方式，瑜伽在印度的古典语言中的意思是结合、相应、心的统一等。这种运动注重身心协调，在练习过程中强调心灵上的享受，瑜伽训练能使人达到身心的和谐统一。瑜伽也有多种派别和类型，它们所包括的动作和内容要求也各有不同。一般而言，瑜伽可分为六种，包括智瑜伽、业瑜伽、信仰瑜伽、哈塔瑜伽、王瑜伽和昆达里尼瑜伽。尽管它们在训练方法上存在一些微小差异，但总体上可以分为三大方法，分别是呼吸法、体位法、冥想法。

瑜伽训练能够改变学生的身形和姿态，并且训练的方法也是较为简单的动作。借助训练动作，学生可以增强身体的协调性和灵活性，使体态更加优美、匀称。由于这些动作都很简单，所以教授和练习时的难度较小，学生也更容易坚持下去。通过长期的练习，学生的身体素质逐渐提高，姿态得到改善，同时肢体的控制能力也能得到增强。

2. 瑜伽训练的方法

（1）把杆训练

把杆训练就是将把杆作为支撑物，帮助学生进行类似站立、踢腿、下蹲等动作。在瑜伽形体练习中，把杆训练是一项基本的动作练习，它能够帮助学生初步了解瑜伽形体训练的内容，同时让学生在瑜伽训练中按照由易到难的训练方式使身体逐步适应瑜伽形体训练的强度。当学生初步掌握核心体式，如站立和踢腿等动作后，可以逐步增加训练难度，即让学生在扶把的情况下进行腿部的画圈动作，使学生逐步感受身体重心的变化，逐步提高他们的身体控制能力。之后可以增加平衡和跳跃动作的训练，以加强他们的腿部力量。把杆训练大多是瑜伽练习中简单易学的拆分动作，轻缓的动作加之反复练习，可以帮助学生掌握身体各部位在做出动作时的发力点与发力方式，加深学生对动作细节的理解，从而使学生准确掌握动作要点。

（2）地面训练

地面训练也就是在地面上进行的训练，主要是通过坐、躺等姿势在地面上进行练习。为了有效增强学生的腿部力量和控制能力，教师可以在教学中引导学生先练习地面动作，如勾脚背或侧卧抬腿等，这些动作既有助于增强学生的腿部肌肉力量，也能够提升其肌肉控制能力。在高校瑜伽形体训练中，地面训练是训练的基础内容，因此可以将地面练习作为学生进行形体训练前的基本练习及热身运动。

（3）舞姿组合训练

舞姿组合训练旨在将芭蕾舞的简单动作为基础，塑造学生的形体，同时提高他们对音乐的敏感度和节奏感。在日常课堂训练中，使用次数最多的动作是单腿屈膝前举站立、单腿屈膝后举站立、单腿侧上举站立等动作。学生需要在这些动作中平衡好身体各部分的发力力度和位置，同时在单腿站立练习中，逐渐掌握调节身体重心的技巧。在进行瑜伽练习时，除了正确地完成动作，还要注重动作的美感和情感表达，避免过于生硬的姿势影响练习的效果。

（4）身体动作组合训练

与前面三种训练方式相比，身体动作组合训练的方式更加丰富多样。其训练内容包括弹跳、均衡、转体、波浪和柔韧等。这种训练方式在瑜伽形体训练中属于难度较高的部分，通常情况下，学生需要具备一定的训练基础，才能够在身体动作组合的后期训练中，进行突破性训练。通常情况下，在进行身体动作组合训练之前，学生应该掌握瑜伽形体训练的基本技能，这样在训练中才能够快速地掌握高难度动作的技巧和核心要点。此外，学生的身体柔韧性和灵活性也会有所提高，这使得学生能够在放松的状态下更好地完成高难度动作。

(二)健美操

1. 健美操的概念

健美操是一种结合了众多体育活动,如基本体操、艺术体操、现代舞等动作特点而创编出来的。健美操的形式多种多样,既有单个动作、联合动作,也有成套动作,这些动作形式为大多数人所接受。它不仅内容丰富,而且表现形式也十分有趣、活泼。健美操的节奏可快可慢,配合和谐的音乐伴奏,能达到健身娱乐、陶冶情操的目的。

2. 健美操训练的原则

(1) 系统性原则

系统性原则是学生进行健美操训练必须遵循的基本原则之一。只有进行系统的训练,才能熟练掌握科学正确的健美操动作和技巧。系统性原则是学生练习健美操的需要,是学生不断重复和巩固健美操动作技术的需要,是学生实现健美操运动技能系统化积累的需要,是学生取得优秀健美操运动成绩的需要。

在高校健美操训练实践中,系统训练和周期性训练是实行系统性原则的两种重要手段。学生应该有明确的训练目标,同时,应将健美操的身体素质训练、技术训练、心理训练等结合起来,合理安排训练周期和训练负荷,从而使整个训练过程有序地进行。

(2) 周期性原则

周期性原则是指学生在进行健美操训练的过程中,要按照各阶段组成的运动周期循环地进行训练。高校健美操训练的周期性原则具有一定的科学依据,即竞技状态的客观规律和健美操运动技术形成的客观规律。具体表现在以下几个方面。

首先,高校健美操各训练周期是相互联系的。一般情况下,健美操训练的前一周期是后一周期的基础,后一周期要在前一周期的基础上实现提高,从而取得最佳的运动成绩。健美操训练遵循周期性,我们一定要重视各个周期内健美操的具体训练。

其次,高校健美操各训练周期是相对独立的。在健美操训练的不同周期内,由于训练的阶段不同,具体的训练任务、训练内容、训练目的、训练方法、训练负荷等都会有所不同。在健美操周期性训练中,一定要注重各周期间的不同之处,根据具体情况进行训练,以获得理想的效果。

最后,高校在遵循健美操运动周期性原则时,还要注意其他因素对周期性训练的影响,如比赛任务、对象特点、训练环境等因素。既要合理安排健美操训练的周期,也要做到各周期间紧密衔接,并及时根据健美操运动训练的反馈情况对训练周期进行调整。

(3)直观性原则

在高校健美操训练过程中,坚持直观性原则可以有效提高学生的训练效果,因此教师应予以高度重视。

在高校健美操训练实践中,直观法是一种常用的训练方法。教师通过直观教学,可以将健美操的动作生动形象地传递给学生,学生可以更加准确地掌握健美操的动作技术。

对于初学高校健美操动作的学生来说,在训练中遵循直观性原则可以先观看教师的示范动作,等训练达到一定的水平之后,再采用图解、录像、语言信号、助力、固定身体姿势、慢速做动作、直接观摩优秀运动员的表演和比赛等手段,并结合教师恰当的比喻、形象的讲解,以及对教师动作技术的观察分析、研究讨论,来逐步找出健美操运动的规律所在,体会健美操动作的空间方位和肌肉用力方法。

(4)循序渐进原则

学生在进行健美操训练时应遵循循序渐进原则,该原则符合人体动作形成的客观规律。在运动技术的训练和学习中,人体结构的改变、运动能力的提高、内脏循环功能的改善,都是由机体的神经系统通过对运动系统及其他内脏循环系统反复多次调节而形成的适应性反应。这种适应性的形成是一个相当复杂的协调过程,仅仅靠几次训练是无法实现的,需要长期、反复地进行。

3.健美操训练的方法

(1)想象训练法

想象训练法是一种通过在大脑皮层中留下技术动作形象,来强化训练效果的方法。学生在进行健美操练习之前,可以通过想象动作技术要领,使大脑形成技术动作形象,并在具体的训练中将这些形象转化为实际的动作,以达到更加顺畅和准确的训练效果。当学生进行想象训练时,需要将想象的动作技术与身体的各种感觉结合起来,使大脑中的想象更加真实和具体化,努力把想象变成动作实践。想象训练法对学生的抽象思维能力要求较高,因此在实际训练中较少采用。

(2)完整与分解训练法

高校健美操完整训练法是指学生将健美操的技术动作从开始到结束完整地进行练习,从而掌握健美操技术动作的训练方法。其优点在于帮助学生建立完整的技术动作概念,而不影响健美操动作结构的完整性,适用于较为简单或不宜分解的技术动作训练。高校健美操分解训练法是指将一个技术动作分成若干个环节分别进行练习的方法。其优点是减少训练难度,增强学生学习健美操的信心,适用于复杂的技术动作及技能主导类的成套技术动作训练。

在运用完整与分解训练法进行训练时,应注意以下几点:第一,一些不是很复杂的动作可先进行完整训练再进行分解训练;第二,有一定难度的技术动作多采用先分解后完整的训练方法,但注意不要破坏动作的完整性,不影响技术动作的结构特点,不破坏动作各部分之间的有机联系;第三,对于较高水平的技术动作,采用分解训练法的比例应大一些;第四,"先分解后完整"或"先完整后分解"都不是固定的训练程序,在训练实践中,教师应根据具体的技术动作的难度、结构及学生的心理特征等来确定采用哪种训练方法。

(3)核心训练法

核心训练法是近几年新兴的一种训练方法,主要应用于健身、健美领域。这种训练方法主要基于体能训练中躯干肌的重要作用,将以往用于健身力量的训练方法拓展到健身、健美、竞技体育领域而被提出的。一个分步、分级、分层的有机整体是核心训练的关键。

在解剖学上,有学者认为,人体核心部位的顶部为膈肌,底部为骨盆底肌和髋关节肌。也有学者认为,核心部位包括胸廓和整个脊柱,将整个躯干视为人体的核心区域。在功能上,一些学者将构成或提高核心部位稳定性的力量称为"核心力量"或"躯干稳定力量"。在健美操具体的训练实践中,肌肉的部位有深浅,动作的时间有先后，用力有主动、被动与协调，并受神经内分泌、屈伸、向心、离心等因素的影响，因此在训练中应充分考虑这些因素。

（4）功能训练法

功能训练法是一种为提高专项运动能力和加强核心力量、使神经系统得到更加有效训练的方法，在高校健美操训练中较少采用。功能训练是一种训练"动作"的控制力或"姿势"的精确性活动，它不强调某一具体动作中的四肢力量的过分发展，而是重视多关节、多平面的训练，并把机体的平衡控制和本体感受纳入训练实践当中，强调全身动作的一体化和平衡控制。

参考文献

[1] 夏越. 现代高校体育教学研究 [M]. 北京：北京理工大学出版社，2019.

[2] 袁振国. 教育研究方法 [M]. 北京：高等教育出版社，2000.

[3] 商继宗. 教学方法：现代化的研究 [M]. 上海：华东师范大学出版社，2001.

[4] 李利华，邢海军，谢佳. 体育教学思维创新与运动实践研究 [M]. 南昌：江西高校出版社，2019.

[5] 李慧. 高校体育教学改革与科学化训练研究 [M]. 沈阳：辽宁大学出版社，2019.

[6] 高延龙，李军靠，闫世笙. 基础教育新课改与教师教育创新研究 [M]. 西安：西北大学出版社，2008.

[7] 刘海洋，杨战广，杨少洁. 基于有效教学理论的高校体育教学研究 [M]. 北京：中国商业出版社，2022.

[8] 戴信言. 高校体育教学多种模式的探索 [M]. 北京：中国原子能出版社，2016.

[9] 李爱国. 田径运动教学研究 [M]. 武汉：武汉大学出版社，2017.

[10] 刘崇辉，温霜威，史银斌. 高校综合体能训练与体质测试的方法与实践 [M]. 长春：东北师范大学出版社，2015.

[11] 张英波. 现代体能训练方法 [M]. 北京：北京体育大学出版社，2006.

[12] 刘玉瑛，赵长芬，王文军. 读懂新征程 200 关键词 [M]. 北京：中国民主法制出版社，2023.

[13] 杨圣涛. 当代大学生体育与健康教育研究 [M]. 长春：吉林科学技术出版社，2020.

[14] 魏欣. 中医美容与食疗 [M]. 兰州：甘肃科学技术出版社，2010.

[15] 阳艺武，陈森林. 如何传授有价值的体育课程知识 [J]. 上海体育学院学报，2020，44（9）：52.

[16] 冯凯. 体育课程与体育教学之间的关系研究 [J]. 当代体育科技，2020，10（28）：186-188.

[17] 蔡宏生. 浅析体育教学资源的开发与高校体育教学改革研究 [J]. 当代体育科技，2018，8（25）：166.

[18] 中共中央、国务院《关于深化教育改革全面推进素质教育的决定》[J]. 决策咨询通讯，1999（3）：6-11.

[19] 杨静. 青少年田径运动科学化训练现状及对策研究 [J]. 青少年体育，2019（8）：85-86.

[20] 谭红春. 高校田径教学训练中体能训练的策略探讨 [J]. 体育世界，2023，（10）：67-69.

[21] 张利. 高校体育教学与训练现状略论 [J]. 山西财经大学学报，2023，45（增刊2）：154-156.

[22] 马楠，刘欣. 高校体育教学中身体素质训练的问题及对策 [J]. 当代体育科技，2023，13（29）：67-70.

[23] 王卿. 体育训练教学中的问题与突破方法 [J]. 防灾减灾工程学报，2023，43（5）：1185-1186.

[24] 徐子纯. 高校体育选项教学体能训练方案的高效性研究 [J]. 田径，2023（9）：33-34.

[25] 周校锋. 在高校体育教学训练中实施素质教育的几点对策 [J]. 田径，2023（8）：21-23.

[26] 郭蓉蓉. 高校体育开展拓展训练课程教学的策略 [J]. 江西电力职业技术学院学报，2023，36（6）：21-23.

[27] 胡晓光. 高校体育教育训练教学和心理健康教育的融合实践研究 [J]. 中国学校卫生，2022，43（12）：1924.

[28] 董好杰. 身体素质训练在普通高校体育教学中的作用分析 [J]. 田径, 2022 (11): 40-41.

[29] 彭道秀. 高校体育教学与训练中练习指导法的运用探讨 [J]. 大学, 2021 (47): 67-69.

[30] 宋英伟. 大学体育拓展训练课程设计与实践研究 [D]. 烟台: 鲁东大学, 2023.

[31] 郑海媚. 大学体育有效教学学生评价量表的编制 [D]. 广州: 广州大学, 2022.

[32] 曹亚闯. 大学体育课程混合式教学调查及其模式优化研究 [D]. 郑州: 河南大学, 2021.

[33] 何玲玲. 大学体育与健康篮球课程思政教学设计的探索与实践 [D]. 太原: 山西师范大学, 2021.

[34] 刘慧敏. 大学体育课程思政设计研究 [D]. 哈尔滨: 哈尔滨工程大学, 2020.

[35] 赵权忠. 我国学校竞技体育体制研究 [D]. 长春: 东北师范大学, 2011.

[36] 王晓毅. 中国大学生体育协会发展研究 [D]. 长春: 东北师范大学, 2010.

[37] 吕杰. 拓展训练在大学体育教育中的发展趋势探 [D]. 济南: 山东师范大学, 2009.

[38] 刘海元. 中国大学竞技体育的发展研究 [D]. 北京: 北京体育大学, 2003.

[39] 王佳茵. 浅析运动训练与体育教学中的互补 [D]. 武汉: 华中师范大学, 2002.

[40] 葛欣超. 数字化体育教学快速反馈系统在田径教学实验中的应用研究 [D]. 石家庄: 河北师范大学, 2008.